U0138811

培育新時代良師

中華民國師範教育學會　主編

楊思偉　李崇瑋　廖昌珺
翁福元　林青松　何慧群
廖素蓮　仲宗根良治
永井正武　許筱君
沈翠蓮　劉瑩　陳奕廷　著

五南圖書出版公司 印行

序　　言

　　教育部於101年12月公布出版「中華民國師資培育白皮書」，該白皮書內容從國內社會變遷、國際發展趨勢及現行教育政策進行分析，提出師資培育十大挑戰與契機，揭櫫以「師道、責任、精緻、永續」為核心價值，從「師資職前培育」、「師資導入輔導」、「教師專業發展」、「師資培育支持體系」四大面向，擬定9項發展策略與28個行動方案，並期建構「專業標準本位」與「師資培用理念」的師資培育體系，最後培育具教育愛之人師、具專業力的經師、有執行力的良師，進而實現「培育新時代良師以發展高品質教育」之願景，充分提出未來10年之師資培育願景與策略，將可帶給國家師資培育邁向新的里程。而在規劃過程中，本人及師範教育學會會員夥伴，皆曾經共襄盛舉，參與相關座談與諮詢，發揮了專業學會之功能與責任。

　　101年師範教育學會也依例辦理年度之研討會與年會，年度主題訂為「培育新時代良師」，此次在年度研討會徵文中，遴選出七篇論文，結集印出專輯，以饗師資培育學界，非常值得紀念。本專書論文中，包括較多之主題，例如有關國際發展趨勢之論文，有荷蘭師資培育現況和動向，有日本現行教師評鑑制度之探討；有關國內師培政策之論文則有我國教師職前教育的教師專業態度養成課程之探究，我國師資培育大學發展及轉型變革策略之研究；有關師道文化之論文有包爾生倫理學的師道文化意涵；而有關新教育視野之論文，則有運用眼動儀探究兒童閱讀策略之教學，以及以Gardner未來心智構造探討臺灣國小師資培育專業目標提案研究，這些論文皆有其學術專業之論點，相信對未來師資培育理論之建構，以及實踐師資培育之策略都將有具體之貢獻，也對落實師資培育白皮書之行動方案，具有參考之意涵。

　　自1994年師資培育法公布後，推動多元化師資培育政策，距今也有20年了。在這20年間，臺灣社會經濟由富裕轉為低迷，國人薪

資不升反降，社會貧富差距更加擴大。其次教育方面，由於學生世代交替快速，世代觀念落差加劇，更因為少子化問題，以及推動12年國民基本教育問題，教育世界也有重大之變化。在今日瞬息萬變之社會中，更凸顯教育政策變革之重要性，然而觀察相關政策變革中，有關師資培育政策卻未見較大之改變，也是值得檢討的。不過，在臺中教育大學有關小學師資六年一貫培育之精緻師資實驗計畫，其中包括公費生制度在內，倒是一項值得關注的改革方案，期望未來能帶動國內師資培育政策，也有更多彈性實驗之空間。唯有培育優良師資，才會有世界百大之大學，這也是師範教育學會多年來之學會主張與宗旨，今日在即將出版年刊論文之際，再次呼籲各界應該重視師資培育之專業性與重要性。

楊思偉　謹誌

2013.09

目　次

第一章

日本現行教師評鑑制度之探討

楊思偉

國立臺中教育大學校長

　　日本之教師原本就屬於公務員性質，稱做教育公務員，所以自1955年以後，就如同公務人員一樣實施人事考評制度，稱做「勤務評定」，而依照地方公務員法之規定，其最終之考核權是在市町村的教育委員會身上。但這些行之多年之教師人事考績制度，被批評為「形式化」了（八尾坂修，2006:10）。主要問題包括三項：其一是採取依據校長之觀察內容進行考核之方法，並沒有配合輔助制度之自我申告及自我評鑑；其二是因為評鑑結果並沒有告知當事人，所以對於當事人之輔導與協助，並沒有達到應有之效果；第三是對於評鑑者並沒有進行研習，所以如何提升適切的考核能力受到質疑；第四，考核時間是9月至翌年8月，與學年度沒有配合；第五，因與教師團體長年意見相左之故，考核結果無法納入人員異動及待遇上（八尾坂修，2006:12），雖然日本之教師對於職務之態度與認知，基本上可能有一些自我改善之努力動機，但是仍有一些教師之專業與工作態度受到批評，因此有關教師考核制度之恰當性不斷被檢討是否需要改革。

　　自1980年代因為教育問題叢生，校園暴力、霸凌、拒絕上學等問題嚴重，日本於是展開新一波之教育改革，其基本主軸是以新自由主義觀點下之教育改革，其中講求市場競爭機制，強調績效責任一直是主要之方向；另外，自1990年代以後，日本在泡沫經濟之影響下，有關人事任用及考核制度，包括原本企業界之年功序列制度也受到改革之波及，要求導入包含能力（competence）評鑑及自我申報的業績（performance）評鑑觀點受到更多的重視。在這樣的潮流下，2000年東京都率先推動新的人事考核制度，所謂「教育職員人事考課」制度，各都道府縣也陸續著手推動新的教師評鑑制度；2002年日本自小學開始推動校務評鑑制度，2004年中央政府開始著手調查推動教師新型態評鑑制度之實施情況，這是日本現行教師評鑑制度之政策脈絡。本文將針對日本現行評鑑制度之背景、設計過程、制度現況、制度特色與問題點，以文獻分析方式進行分析。

壹、制度發展的背景

日本其所以會推動新的教師評鑑制度，其背景因素如下：

一、勤務評定制度流於形式化

「勤務評定」係指自1955年以來實施，公務員體系中所屬的上級長官依據法令規定，針對教育公務員的業務成績及其能力、態度所做相關的評定與紀錄的制度，較屬於總結性的評鑑考核制度。日本的中小學教師是教育公務員身分，依法有接受考核、評定勤務成績的義務，而教師的工作中最主要的教學專業表現就包含在人事考核的內容中，因此日本中小學的教師評鑑即是人事考核制度。日本在二次大戰後參考美國以科學化的人事管理方式進行公務員法制的改革，也就是以業績主義為基本原理構思了勤務成績評定的制度（高橋寬人，1996）。因此1950年（昭和25年）12月公布的「地方公務員法」第40條第1項，就明文規定地方公務員需定期接受勤務評定（地方公務員法第40條第1項：「任命權者應針對職員的職務，定期進行執行勤務成績之評定。對評定之結果應有適當相對應的處置。」然而實際上，教師的勤務評定實施造成大混亂，引起反彈與抗爭的理由除了技術性問題外，最被批判的是有關是否侵犯教師職務獨立自主的權限，以及最重要原因是因為被批評為受政治意圖的利用。1958年上原專祿等48名學者及文化團體發表反對勤務評定的聲明書中，提出「強行實施勤務評定是政黨內閣加強對教育的干預與限制，教師的成績評鑑與政治現實無關，應以教育上的研究問題為考量」（高橋寬人，1996）。一方面勤務評定被認為其原始的設計初衷已異於原本為了提高教學效率之目的，被視為乃政治干預教育事務之性質。另外，也因為教育活動內容問題複雜許多，加上實施評定之結果未能活用、多數人對勤務評定的認知誤差及誤解頗深，及對評鑑結果的不信任等難以突破的困境，使得勤務評定制度漸漸流於形式化（清水俊彥，2004）。勤務評定制度被批判評鑑規準未明確、評鑑的客觀性不

足、評鑑結果未告知當事人、無法發揮提昇教師專業能力的功能，以及評鑑結果未能反映到待遇高低，缺乏督促工作績效的實際效果（廣嶋憲一郎，2007），因爲上述原因導致後來實施的勤務評定制度並沒有產生實際效果，這也是新的人事考核制度出現的背景之一。

二、教育問題嚴重

1980年代的日本進入經濟景氣時代，但在高度經濟化的發展下也產生了不少教育問題，諸如校園霸凌、中輟、逃學、兒童自殺案件、班級秩序崩壞等。歸咎其原因，過度強調升學競爭、齊頭式管理主義、教育制度僵化等都是導致教育問題惡化的罪魁禍首。根據1999年文部省（2001年改名文部科學省）委託國立教育研究所與第一線教育現場教職員組成的「學年經營研究會」對於教學等學生行爲，所謂「班級秩序崩壞」等實際問題成因進行分析與調查，報告書的實例中發現形成教學問題的原因複雜，但其中約有七成比例顯示「教師指導能力不足」是主因（東京都教育職員人事研究會，2005），因此教師素質影響教學品質的問題受到重視。「爲了解決堆積如山的教育課題，必須重新調整學生學習環境，進行以校長爲中心，加強學校全體教職員的相互合作，激發全體創意功夫的學校改革。尤其與兒童學習最爲密切相關的教師，必須強化其對學校改革的認知與適應，提昇教師素質與專業能力成長成爲學校改革的關鍵。」（東京都教育委員會，1999）。因此日本政府從教師素質層面進行反省與檢討，在教師公信力與挽回社會信賴上不遺餘力地推動改革，以提升教師素質。

三、問題教師（不適任教師）的激增

以改善教師素質爲目的的人事考核制度改革，還有一個背景原因，就是不適任教師比率增加問題。問題教師包含不適任教師或指導力不足教師，而所謂「不適任教師」的定義是指「教學工作無法成立的老師」的人數自1990年代後有激增趨勢，例如因猥褻行爲遭處分

的教師數目在10年之間增加近6倍左右，因精神性疾病而休職教師也增加約2倍（市川昭午，2006），2004年不適任中因精神疾病原因而遭停職處分教師的共有6,553名，與1996年的1,385名比較，9年之間增加3倍之多。不適任教師激增現象導致社會降低對教師的信賴感與威信，對教師的觀感以「職業」取代，因此教師的專業形象實有重新塑造之必要，故實施能發揮提升教師素質功能的教師評鑑制度便成為迫不及待的要務。

貳、制度設計之經過

由於上述之背景因素，在2000年12月「教育改革國民會議報告—改變教育17個提案」中，為了「營造新時代的新學校教育」的二十一世紀教育發展目標，「創造可以反應教師教育熱情與努力成效的評鑑機制」，並有「充實教師長期社會體驗研習」、「特殊才藝教師、短聘教師及社會各行各業達人教師等多樣化聘用措施」、「學校教育中最重要的一個人就是教師，而為了評定教師的教育熱情與付出努力之多寡，並延伸優點進而提升效率，必須進行能反應待遇的教師評鑑制度」等具體建議（野原明，2004）。

2001年（平成13年）文部科學省規畫出「二十一世紀教育新生計畫」，擬定了七個具體戰略。其中有「培育教育專家的教師」，另外「教員免許（證照）制度的改善」、「創設新的教師研習制度」、「大幅擴充教師的社會體驗研習」、「優秀教師的表揚制度與特別加薪的實施」、「不適任教師需嚴格處理」的想法也納在其中（野原明，2004）。其後，2002年2月中央教育審議會的諮議報告「今後教員免許制度應有作法」，則提出以「營造值得信賴的學校」為目標，導入提昇教師素質之新教師評鑑系統的建議；與從「確保教師的適用性」觀點提出「建構針對指導力不足教師處理的人事考核管理系統」的建議（高倉翔，2004）。

2002年6月25日在經濟部財政諮議會議報告書「有關經濟財政營運和構造改革的基本方針」中，提議要促進新的教師評鑑制度儘早實

施，並且要轉換為能反映出其工作績效表現及能力至待遇的評鑑系統（滋賀縣教職員人事制度相關調查研究委員會，2005）。針對在職教師的教師素質管控，以形成性與總結性兼備的教師評鑑制度實施為方向。日本東京都在1984年就實施行政職公務員的自我申告（自我評鑑、自我申報之意）、業績評鑑（總結性評鑑）制度，1993年擴大至全部公務員，1995年涵蓋教育行政管理職。2000年對於東京都的教師全面實施新式的人事考核制度（楊武勳，2006）。之後其他地方政府也陸續推動新式的教師評鑑制度，如大阪府、神奈川縣、香川縣、埼玉縣、靜岡縣、京都府、奈良縣、広島縣、香川縣、高知縣、福岡縣、大分縣、宮崎縣等。2003年中央政府——文部科學省囑咐47個各都道府縣及13個政令指定都市，以建立能反映晉級與升遷、評鑑公立學校教師之人事考核制度為目的，開始進行全面調查與研究，要求全國要在2005年前完全確立實施的方針。從2004年之後的3年期間，對於要實施人事考核等教師評鑑制度相關的研究調查，約有1億2000萬圓的調查研究費交付給各自治體，進行研究組織的設計、評鑑方法、評鑑者的訓練、評鑑結果反映晉級或人事異動事項等進行檢討與規劃，以建構最適合的評鑑系統（每日新聞，2003.1.20）。於是地方政府便如火如荼地展開各地的教師評鑑制度規劃與落實。另外，日本教師評鑑與學校評鑑制度改革同時進行，學校將企業的目標管理及全面品質管理（PDCA）的理念應用在學校經營管理上，教師評鑑系統亦以PDCA的管理為經營方向與基礎，圖1是東京都實施教師評鑑的業績評鑑（總結性評鑑）系統概念圖，採取「目標設定→實踐→目標追加變更→自我評鑑反省→期待下年度的目標改善→下一個努力目標的設定」的組織管理過程運用在人事管理上，擔任評鑑者的校長與副校長（或教頭）則在過程中提供指導與建議等，並配合教師10年為單位短期、中期與長期的教學生涯計畫，進行自我申告（吉田和夫，2006），亦即透過靜態的書面報告與動態的晤談活動促使教師個人專業能力的提升。這樣的制度具有整體性，要求教師必須瞭解學校之發展目標，且必須將學校發展目標與自

我之專業提升結合，因此不致造成教師只顧自己的教學工作，而不理睬學校之發展目標。

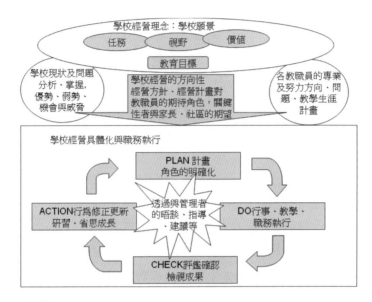

圖1 　經營的方向與PDCA的管理為基礎的業績評鑑系統

資料來源：吉田和夫（2006）。收錄在佐竹勝利編，こんなとき、こう臨む教員評価、人材育成（頁111）。東京：教育開發研究所。

參、制度現況——東京都為例

日本有關教師評鑑制度，中央文部科學省先以審議報告書方式呈現大原則，然後就由第二層都道府縣各自訂定評鑑之處理原則。東京都由於是首善之區，加上當時之都知事較為強勢，所以率先推動（東京都教職員組合，2006），以下舉東京都案例說明。

一、東京都的例子

最早實施的東京都，其實施之新的教師人事考核制度，日文稱做「教育職員人事考課制度」（白川敦，2007），其制度內容有兩大主軸，分別是自我申告（自我評鑑）及業績評鑑（總結性評鑑）。自

我申告在學年初、學年中、學年末分3次進行，分別是4月1日、10月1日、3月31日；業績評鑑以相對評鑑及絕對評鑑方式進行；此制度特色在於非由管理者單方評定論斷，而是以受評者自己提出的自我申告及業績評鑑結果為基礎，擔任評鑑者的校長及教頭（副校長）等人，給予適切的指導建議，目的在提升教師的專業與能力，增進教師的專業成長（東京都教育職員人事研究會，2005）。

　　一般而言，教師最主要職務就是從事教學活動，日本中小學教師評鑑制度中，評鑑教師的項目除了對學生學習之指導能力外，還有生活指導能力、行政能力、班級經營能力、團體領導能力、危機管理能力、與家長對應能力、及為人服務的能力（蛭田政宏，2004）。學習指導能力評鑑是一重要項目，評鑑主要目的之一就是為了改善教師教學品質，而教師評鑑制度中評鑑者想瞭解教師的工作實況、其具備教學專業能力與否，把握教師指導學生的學習狀況，進行教學觀察（觀課）是最直接可信的評鑑工具。東京都的評鑑流程包括（廣嶋憲一郎，2007：15-17）：

　　1.理解校長所揭示之學校經營發展方針
　　2.立足學校經營發展方針上，作成自我申報之報告書
　　3.與校長、教頭（副校長）面談
　　4.接受校長和教頭（副校長）之觀課
　　5.針對有關日常的工作情況進行觀察和評鑑
　　6.進行對成果和改進事項之自我評鑑
　　7.與校長和副校長面談，提出最後自我申告書

　　另外，依據教師評鑑流程（圖2），日本中小學一學年有三學期，因此一學年間大約進行三次教學觀察，每次實施一節的教學，其後觀察者必須提出教學方法、教材內容、班級經營等相關的回饋或建議、輔導，進行業績評鑑前須將一學年來的書面記錄做歸納與整理。

　　進行教學觀察的目的在於使教師自身的教學問題明朗化，進而督促教師提出改善教學的計畫，並實際針對教學問題與缺失改進，以增進教學知能，開發教師潛能。而教師往往不自覺教學上的盲點，故透

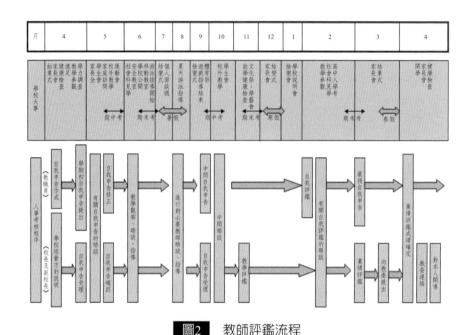

圖2　教師評鑑流程

資料來源：小島宏（2006）。收錄在小島宏編，これで万全「人事考課、自己申告への対応」（書前頁）。東京：教育開發研究所。

過校長、教頭（副校長）、研究主任等與教師的對話及指導，檢討教學缺失，此乃經由個人之教學過程，加上運用省思之流程，促使體驗更加深化並思考解決問題的策略，教學改善計畫中並需配合校內研習活動之提出（工藤文三，2006）。教學觀察的目的並非只爲了教師評鑑，而是使教師進行教學改善的OJT（on the job training，職場內教育，個別校內研習—教學現場進修的一環）（中川修一，2006）。

肆、制度之特色與問題點

　　此次日本教師評鑑制度（考績制度），是採取目標管理手法，以能力與業績爲基礎之評鑑，其主軸概念乃是能力開發與人才培育，依據學者整理各行政區之制度，認爲日本此次教師評鑑制度，基本上包括十項內涵，1.基於目標管理手法及活用自我評鑑理念下，教師設定自我成長目標；2.評鑑者與被評鑑者經由面談溝通；3.評鑑要素及

評鑑項目之設定與職務相對應；4.對照評鑑基準採取絕對評量及相對評量方式；5.多元之評鑑方式；6.訂有評鑑期間；7.評鑑結果會回饋當事人；8.對於當事人之困擾會給予協助；9.評鑑結果回饋至研習、人事配置、表揚制度、薪給等；10.評鑑者會參加研習（八尾坂修，2006:16）。根據上述，可知日本此次教師人事評鑑制度，乃在爲了改善原有問題下之產物，其特點可包含合目的性、合公平性、合客觀性、合透明性、合信賴性等，深具有特色。以下舉幾項重要內涵說明之。

一、評鑑範圍包含主要職務內容

日本有關教師之職務內容，大致如下表1之項目，包括學習指導、生活輔導、生涯輔導、學校運作、特別活動（社團活動等），又可分上班時間之職務內容及非上班時間之內容，比較特殊的是沒有包括基本教育素養，以及敬業精神等之項目。如我國目前推動之教師專

表1　職務上的評鑑範圍

	上班時間內	上班時間外
學習指導	學科指導 道德指導 「綜合學習時間」 養護、訓練（含研究、研習）	學生實習相關業務
生活輔導 生涯輔導	生活輔導（學校事務除外） 生涯輔導（學校事務除外） （含研究、研習）	災害時必須處理的業務
學校運作	學校事務的分攤 學年、班級經營 各種委員會活動 （含研究、研習）	教職員會議相關業務
特別活動、其他	特別活動（班級活動、兒童會、學生會活動、社團活動、學校行事） （含研究、	災害時必須處理的業務學校行事相關業務

資料來源：東京都教育職員人事研究會（2005）。東京都の教育職員人事考課制度。東京都：ぎょうせい，213頁。

業發展評鑑之項目包括課程設計與教學、班級經營與輔導、敬業精神與態度、研究發展與進修四大面向,在主軸之切割面明顯不同。

二、先進行自我申報(自我申告)

　　日本之教育文化,以前在推動各級學校評鑑時,也會從自我檢核做起,再進到外部評鑑。依目前進行之教師評鑑,也以符合人性之觀點設計,在評鑑項目中,先由當事人進行自我申報,提出自我設定之工作目標,而其內容是可以因人而異的。評鑑者會依申報之內容加以檢核、輔導及評鑑。有關自我申報之實例如表2所示,而在學期末並由當事人先進行自我檢討之申報,也由當事人先自我陳述,評鑑之方式分成五等第,由當事人自行檢視自評出結果,包括5、4、3、2、1,分別代表達成度極高、高度達成、有達成、幾乎未達成、未達成(菊地英,2006;蠟崎正實,2006)。不過,不同行政區域之評鑑成績有不同之呈現方式。另如上述圖2所示,全學年度中間也有做一次中間評估,也就分成期中評鑑和最終評鑑,而期中評鑑後會進行晤談及輔導,最後再做總結性評鑑。至於由誰評鑑之問題,學校中之校長由教育局長評鑑,學校之教頭及事務長(類似秘書長)第一次由校長評鑑,最後由教育局長或其指定之人員評鑑;至於一般教師及職員,第一次由教頭評鑑,最後由校長評鑑。因此日本之教師評鑑,可說先由校長提示學校辦學目標後,由當事人自我設定目標,且經由校長及教頭之建議及確認,開始實踐;然後期中經由校長及教頭的教學觀察等,提供一些建議後,進行自我評核及反省,並再經由校長或教頭之確認及評核,做為次年度之目標設定之參考,這是一種PDCA的循環。

表2 自我申告表（有關職務）實例

	學年初申告		最終申告	
	今年度的目標	實踐目標的具體策略（何時達成、理想為何、達到如何程度）	成果問題	自己評分
學習指導	穩固各學科的基礎。	反覆指導基礎學科內容，特別是漢字，每天三個持續讓學生練習。	依據計畫實施是可行的，實施結果顯示九成學生約有百分之八十以上習得。	3
生活指導與長學指導	建構良好的人際關係，營造健康安全的生活。	舉行製作標語活動，問候語及用詞遣句練習，每個月活動目標明確化。	每月製作標語活動實施確實有提高學生問候的意願，學生問候寒喧的態度有穩定趨勢。	4
學校經營	學校全體實踐力行寒喧問候	每月第二週舉辦寒喧問候活動，明確指出孩子具體的行動目標，全校共同實施。	每月以生活指導委員會為中心規劃具體行動目標的活動具體可行。有關學生反應的問題則待研究。	3
課外活動與其他	培養高年級學生領導低年級學生的企劃與實踐能力	上下年級學生混齡分組組織社團，讓學生每個月練習製作社團集會活動的企劃書，小組與個人指導並行。	活動計畫是可行的。高級級學生針對低學級學生的企劃是能適切進行領導的。	4

三、評鑑包含三大要素

　　日本教師評鑑之內容要素包含意願（意欲）、能力、實績（成果）三項，所謂意願是指做為執行職務之基本工作態度，是任何工作項目都必須具有的要素，包括責任感、協調性、積極性、耐性、團體規範之服從性等；而能力是指在執行職務時發揮之行動力，包含知識與技能、資訊蒐集與活用力、規劃能力等；而實績是指達成自己設定目標之程度。另外，此三者都必須從評鑑之起始，即從自我從設定目標開始，至達成目標時之意願、能力與時機都必須結合進行評鑑。

四、包含教學觀察

有關教學觀察（觀課）方面，是非常專業之評鑑事項，也是教頭和校長該進行之工作。有關教學觀察，要注意之事項很多，端賴評鑑者之專業知識是否具足，才能讓觀課之效果展現。特別是觀課之目的，主要是進行建議和輔導，也就是兼顧形成性及總結性之意涵。

五、確保評鑑公正之方式及結果應用

有關這些問題，包括評鑑者必須參加研習活動，以確認認知是否正確。進而，評鑑結果必須公開給當事人，當對象有不同看法時，可循管道提出意見，由教育局之上一層級人員做意仲裁。至於結果之應用，包括做為培育行政領導人員之用、安排各種人事之用、反映在薪給上，以及做為表揚之用等。

伍、結論與建議

國內目前有關教師評鑑實施現況，以形成性目的為主，輔以總結性目的（林榮彩，2001；陳玉鳳，2002；吳政達，2002；許明峰，2004；蘇再添，2005）。而目前國內進行中的教師專業發展評鑑，以增進教師專業發展為目的為訴求，非以教師績效考核為目的，強調教師專業發展評鑑與教師績效考核是脫鉤處理，更與教師分級制度無關。只是教師專業發展評鑑仍未在各中小學實施辦理，因此，此時機探討分析日本中小學教師評鑑制度進行，瞭解其評鑑內涵與評鑑方法為何？以何規準評鑑？實施評鑑對象為何？進行教學觀察過程與後設評鑑等等步驟如何？教學評鑑後是否輔導？補救措施為何呢？上述種種評鑑問題都值得深入探究。

另外，日本受新自由主義影響的教育改革（歐用生，2007），學校經營改革受市場主義主導，亦有學者批評學校教育以學生、家長為顧客身分後，學校被要求的已不再是整齊劃一式的服務，而是要能因應學生興趣、專長等個別差異而提供多樣化的服務；換言之，學校

必須提供能滿足家長與學生「顧客」身分的各項細緻個別化的服務。而對待學校與教師，則是利用學校間競爭，開放家長與學生選擇學校權。對教師嚴格評鑑，優者提供優遇，劣者則使其淘汰，這就是學校經營改革後的狀態。因為以學生為「顧客」，教師必須提供符合學生差異的服務，這樣的結果導致學生及孩童對教師只抱持五分尊敬的意識（喜入克，2007）。另外，因為是以學生為主角，教師只是協助者，教師必須關注學生的興趣，以其關心事物增強其學習，為了對學生提供更細緻化的服務，教師必須將自己服務內容逐項地確實計畫、反省與改善，也就是教師評鑑中「自我申告書」的填報內容，接著透過與校長、教頭等管理職反覆地面談，努力提高自己能達到的服務程度。而學校評鑑的實施，以家長立場而言，其評鑑結果資料正是提供學校選擇的最佳參考與指標（喜入克，2007）。這一連串改革，雖仍存在相當大的討論空間，而本文茲先整理有關教師評鑑之結論與建議如下：

一、結論

有關日本教師評鑑之制度之方式，有以下幾項結論：

1.基本上該制度就是年度考績，乃因以前之考績制不甚理想，乃規劃新的教師評鑑制度。

2.其內容重視目標管理及PDCA等理念。

3.其方式包括自我評鑑及第三者評鑑，也具有形成性兼總結性之做法；而評鑑項目規定非常清楚，並包括教學觀察之項目。

二、建議

1.由於日本教師是準公務員身分，因此有其特殊身分，國內未必可以援用。

2.有關評鑑者由誰擔任，國內爭論較多，可參考日本方式思考。

3.有關評鑑內容，如何適度涵括教師職務之全部工作，是一重要問題，若以教師專業發展評鑑之項目來看，四大主軸也有討論空間，

另外細目指標太多也不適宜，將來是否直接引用，也可再做思考。

　　（本文是國科會補助之計畫「新自由主義下日本中小學學校經營之研究（III）」。NSC 99-2410-H-142-004-MY3之研究成果。）

參考文獻

八尾坂修（2005）。新たな教員評価の導入と展開。東京：教育開發研究所。

工藤文三（2006）。授業観察のやり方がわからない①。收錄在佐竹勝利編，こんなとき、こう臨む教員評価、人材育成（頁85-89）。東京：教育開發研究所。

小島宏（2006）。收錄在小島宏編，これで万全「人事考課、自己申告への対応」（書前頁）。東京：教育開發研究所。

中川修一（2006）。授業観察。收錄在小島宏編，これで万全「人事考課、自己申告への対応」（頁50-55）。東京：教育開發研究所。

文科省預定2005年度全国實施反映待遇的教員能力評価制度（2003年1月20日）。每日新聞。2007年12月11日，取自：http://www.hyogo-kokyoso.com/infobox/messages/214.shtml

白川敦（2007）。東京都の教員人事考課制度。收錄在清水俊彦編，**教員制度の改革**（頁162-164）。東京：教育開發研究所。

吉田和夫（2006）。教員に対する業績評価のポイント。收錄在佐竹勝利編，こんなとき、こう臨む**教員評価、人材育成**（頁110-115）。東京：教育開發研究所。

東京都教育委員會（2006）。平成18年度教育職員自己申告実施要領。收錄在小島宏編，これで万全「人事考課、自己申告への対応」（頁202-204）。東京：教育開發研究所。

東京都教育職員人事研究會（2005）。**東京都の教育職員人事考課制度**。東京：ぎょうせい出版。

東京都教職員組合（2006）。「成績査定」強化反対くらしと教育を守ろう。

2008年5月3日，取自：http://www.tokyouso.jp/chingin/060301.htm

泉長顯（2006）。自己申告書の自己評価。收錄在小島宏編，これで万全「人事
　　考課、自己申告への対応」（頁126-129）。東京：教育開發研究所。

野原明（2004）。教育改革国民会議報告。收錄在清水俊彦編，**校長、教頭、教
　　員服務、教員評価の最新課題**（頁131-132）。東京：教育開發研究所。

滋賀縣教職員の人事制度に関する調査研究委員会（2005）。**教職員の新たな人
　　事制度の在り方について最終報告**。2007年12月12日，取自：http://www.
　　pref.shiga.jp/edu/content/19_advisory/jinji/jinji_houkoku.pdf

菊地英（2006）。自己申告書の作成前に。收錄在小島宏編，これで万全「人事
　　考課、自己申告への対応」（頁25-29）。東京：教育開發研究所。

蛭田政宏（2004）。東京都の教員人事考課制度(1)(2)。收錄在清水俊彦編，**校
　　長、教頭、教員服務、教員評価の最新課題**（頁145-149）。東京：教育開
　　發研究所。

楊武勳（2006）。**教師評鑑方案建構之日本制度分析**。國立臺灣師範大學教育評
　　鑑與發展研究中心教師評鑑方案建構專案計畫。未出版。

廣嶋憲一郎（2007）。「**教員評價**」と上手に付き合う本。東京：明治図書出
　　版。

歐用生（2007）。日本新自由主義及其教育改革。**教育資料集刊**，36，79-99

蠣崎正実（2006）。自己申告書を適切に作成させる。收錄在小島宏編，これで
　　万全「人事考課、自己申告への対応」（頁30-34）。東京：教育開發研究
　　所。

第二章

包爾生倫理學的師道文化意涵

李崇瑋

臺中市北屯國小教師

摘要

　　本文以教育詮釋學方法進行包爾生倫理學師道文化意涵的探究，首先簡述說明包爾生倫理學思想的三大內涵：「德行論」、「意志論」以及「群性論」進行探討。其次，分別延伸至為師的「道德養成」、「榮譽感養成」以及「公民意識養成」進行詮釋。期望透過包爾生倫理學的觀點，提供師道文化推動與提升參考。

關鍵詞：包爾生、倫理學、道德

Abstract

　　The study aims at probing into the culture of the teaching profession of Friedrich Paulsen's ethics with the method of educational hermeneutics. First, the contents of Paulsen's ethics could be integrate into three aspects, such as theory of virtue, will and sociability. Second, extending three aspects respectively to the culture of the teaching profession: Moral cultivation , Sense of honor cultivation, and Civic awareness cultivation. Hope can provide some opinion to the culture of the teaching profession through Friedrich Paulsen 's ethics.

Keywords: Friedrich Paulsen, Moral, Ethics

壹、前言

　　「國家的未來在教育，教育的品質在良師」，教師素質是養成學生成就的最重要基礎，教師素質的高低攸關教育成敗。在全球化思潮與後現代主義的影響下，社會文化已呈現多元與開放的思維，同時也受到這多元與開放觀點的推波助瀾，產生了價值觀日趨混淆的現象。科技領域快速發展的結果，使人們享受到前所未有的舒適和快捷，卻也強化了人們的實用主義價值觀，造成重科技而輕人文的工具理

性觀，而忽視了道德和價值、規範的問題（林火旺，2004：174）。同樣的，這樣的思維，亦衝擊到我國固有的優良精神——「師道文化」，當1994年修改「師範教育法」為「師資培育法」時，由一元計畫制改為多元儲備制，希冀透過多元儲備及競爭機制，提供中小學充裕之優質師資來源。惟我國開放多元師資培育管道後，師資培育逐漸有窄化為學分化及市場導向的趨勢，兼具人師及經師涵養課程較少。致使「師範精神」逐漸消失在我國的師資培育政策中；我國師資培育的特色與優勢也在這過程中，喪失了優質師道文化的獨特性。

師道文化是我國傳統文化與教師本質的延伸，具有「規範」與「楷模」的意義，我們過去對於教師的要求是「師者，人之模範也」，「言為士則，行為世範」。

師道文化可從「為師」、「尊師」、「求師」等方面探討，本文將從「為師」——作為人師——的角度論述，正如赫爾巴特（Johann Friedrich Herbart, 1776-1841）的理論，教育目的是「倫理」取向，也就是道德取向。就其理論而言，教育的目的就是在培養學生的「堅強品格」（詹棟樑，1997b：183）。道德實踐的動力不只在於當下的認知與抉擇，更在於在日常生活因關懷關係而蘊育的道德自我感，潛藏在其中的道德自我理想形象，是可以掘發道德力量的真正源頭（方志華，2000：47-48）。筆者以為，師道文化的振興，必須回歸人類核心的基本態度，仰賴「道德養成」、「榮譽感養成」以及「公民意識養成」三方面的努力，藉以引導正確的價值方向，促成為人師的「自我化成」（Selbstwerdung）。

近代諸多探討倫理學的角度中，德國著名的哲學家與教育家—包爾生（Friedrich Paulsen, 1846-1908），乃是德國文化學派的重要代表人物，其思想對於文化哲學及教育皆有很大影響（詹棟樑，1974：46）。《倫理學體系》可說是包爾生倫理學思想的體現，針對倫理學的兩大派典——「目的論」與「形式論」，以批判的觀點與態度審視，嘗試融攝各種不同的想法，促進其倫理學的發展，並以兩個派典的角度整合諸多倫理學議題，企圖建構完整的倫理學思想，產

生調和折衷的觀點。在其著作《倫理學體系》中寫了一些簡單、固定、實用、和參照一些當時倫理與社會問題，並提出了現代的效益論和幸福說，提出以人類的幸福爲目的和生活目的的客觀完美（詹棟樑，1974：48）。由此可知，包爾生的《倫理學體系》有其研究的價值。

　　本篇在研究上，採取教育詮釋學的方法來探究包爾生的原著，試圖透過分析、詮釋、與比較有關包爾生的相關文獻，藉由相互理解以釐清包爾生的倫理學體系，推演包爾生倫理學體系的範圍與內涵，進而歸納出他的師道文化意涵。在研究範圍上，由於包爾生的學術思想相當廣泛，包括哲學、倫理學以及教育學等領域，本文旨在探討包爾生倫理學體系思想與主張，因此研究的範圍主要以包爾生的《倫理學體系》爲主要詮釋資料，以包爾生的《倫理學體系》的英文譯本與中文譯本爲主，作爲本研究詮釋的文獻。

　　研究者希冀藉由深入理解包爾生的《倫理學體系》，體現西方倫理學的發展演進，透過詮釋的過程複製（Nachbilden）以及再體驗（Nacherleben）包爾生的倫理學思想，擷取其中的本來意義（Bedeutung），從中汲取在師道文化上的涵義，綜合其他文獻以更深入瞭解其思想，且從教育哲學反省的觀點出發，進而闡述包爾生倫理學的涵義，嘗試在爲師的道德養成、榮譽感與公民意識養成上整合出師道文化的意涵。

貳、包爾生倫理學的主要內涵

一、德行論：善與惡

　　包爾生在《倫理學體系》中提到「決定人生的目的或至善」乃爲倫理學的職能，正如吾人在從事任何事情時，皆有其目的，而倫理學的目的，便是教人善度生活，在思想、行爲上符合倫理的原則，使生活充滿意義與價值。舉凡生活的意義、思想的純正、行爲的正確，皆在「善」的理念之中，然而，何謂「善」？何謂「惡」？包爾生將善

與惡定義爲「一個人的行爲在道德上是善的是當它傾向於推進行爲者和他周圍人的幸福或完善的時候，是當它伴有義務意識的時候。而另一方面，當它缺少善性的這兩個特徵時，或只缺少其中一個時，它在道德上就是應受譴責的。如果缺少客觀的善性，它就被稱爲壞的，如果行爲者意識到它違反義務時，它就被稱爲惡的，尤其是當它傾向於損害他人幸福的時候」（何懷宏、廖申白譯，1989：216；Paulsen, 1899）。倫理思考的出發點，即在於善惡的道德判斷上，首先必須判斷的是區別善惡的「根本基礎」是什麼？換言之，吾人該以什麼判準區別善與惡。當時，形式論的倫理學者主張行動在道德上是善或惡不是根據它們的效果：它們自身就是善的或惡的。是意向而不是效果決定著行爲的道德價值（何懷宏、廖申白譯，1989：196；Paulsen, 1899）。善惡的概念標誌著一種意志的絕對性質，無需涉及動作或行爲類型的效果；這種絕對性質不可能得到進一步的解釋，而是必須把它作爲一個事實來接受。

　　然而包爾生反對形式論善惡的絕對立場，以目的論的角度，主張透過「行爲類型」和「意志行爲」對行爲者及周圍人的生活自然產生的效果來說明善惡的區別，將傾向於保存和推進人的幸福的行爲稱作善的，傾向於擾亂和毀滅人的幸福的行爲稱作惡的（何懷宏、廖申白譯，1989：194；Paulsen, 1899）。我們稱一個人爲善的，是當他對自己生命的塑造符合人的完善的理想、同時推進他周圍人的幸福的時候。我們稱一個人爲惡的，是當他既無心也無能力爲自己或他人做任何事情、相反卻擾亂和損害他周圍人的時候。行動和行爲類型的善惡是由它們產生可喜或可惡效果的自然傾向決定的（何懷宏、廖申白譯，1989：196；Paulsen, 1899）。倫理學不必去論述各種實際發生的結果，而是論述來自行爲本性的效果，正如物理學必須論述引力法則，但不必處理落體的無限變化的實際運動，探討引力的法則，而不管引力作用並不是一個物體實際運動的唯一原因的事實；醫學探討的是一種醫療方式或一種藥物對組織器官作用的自然趨勢；同樣地，倫理學也應探討決定各種行爲類型的自然趨勢，而不是各種特殊行動的

無限變化的實際效果。因此，善這一概念總是預定著一種聯繫，總是
意味著對某種東西的善。根據常識，一個事物是善的是指它能夠恰當
地做它的事情，實現它的目標。同樣，應用到人身上，善（好）這個
詞也標誌著完成某件事情的能力（何懷宏、廖申白譯，1989：217；
Paulsen, 1899）。

　　透過「行爲類型」（behavior pattern）和「意志行爲」（will
behavior）作爲道德判斷的基礎，區辨善惡便有著依歸。這樣，德行
和惡性就被解釋爲善人和惡人的不同特性。相應於不同的人生問題，
我們有不同的能力或德行，它們代表著傾向於解決那些人生問題的意
志的許多力量。與它們相對立的惡性則反映了各種無能的意志（何
懷宏、廖申白譯，1989：217；Paulsen, 1899）。倫理的價值在於
「善」，而「惡」便是「善之闕如」，正如鄔昆如所言：「惡」的意
義是要在「善」的意義下去瞭解的，正如一個人肢體的殘缺，要由一
個完美的人去瞭解一樣（鄔昆如，1993：320）。善這個詞僅僅在應
用到整體的時候才失去它的相對於某一事物的特徵。這時，社會的完
善生活、一般的完美現實不是相對於別的什麼東西是善的；而是自在
自爲的善。但每一個體的善都是相對某一東西而言；每一特殊行爲或
德行、每一特殊的人的存在的善也都是相對某一東西而言，它們的目
標在整體中，因而就它們實現這一目標而言它們是善的（何懷宏、廖
申白譯，1989：217；Paulsen, 1899）。

　　綜上所述，所謂善的意義在於推進「個人」以及「周圍」的幸
福，以目的論的角度主張吾人的行爲乃是由「意向」（intention）而
不是「效果」（effect）決定著行爲的道德價值。善與惡的區辨必須
透過「行爲類型」和「意志行爲」作爲道德判斷的基礎，使其惡有所
依歸。因此延伸出倫理學的真正任務在於決定行動、行爲的客觀價
值，行爲和行爲類型的價值是依靠它們解決人生問題的能力；或者依
靠它們對人生指導的效果而定的。透過展示一種德行或義務對於人
生、對於個人和社會的完善生活的不可缺少而證明它們的必要性。

二、意志論：榮譽與對榮譽的愛

在道德發展上，榮譽對於人的行為具有相當的重要性，包爾生認為任何一個提高人的能力和影響的事情都能提高他的榮譽。既然榮譽的提高產生快樂，榮譽的下降造成痛苦，對榮譽的愛就推動意志決心去尋找提高榮譽的事物，去躲避損害榮譽的事物（何懷宏、廖申白譯，1989：495；Paulsen, 1899）。正如人生活在各式各樣的群體之中，一個人也可以追求各式各樣的榮譽，如過去社會賦予勇敢、力量、具有軍事本領的人榮譽的肯定，提高他們的地位，這也是我們極力追求的，也就是包爾生所謂的「對榮譽的愛」：我們把個人對於榮譽的恰當的態度，把與榮譽衝動相適應的那種德行叫作對榮譽的愛（何懷宏、廖申白譯，1989：497；Paulsen, 1899）。對榮譽的愛可以被看作是一種特殊的緩和的自我保存衝動，其目的在於在意識中，在我們和他人的意識中實現自我的保存。我們可以把它叫做理想的自我保存的衝動（何懷宏、廖申白譯，1989：493；Paulsen, 1899）。道德發展也在一定意義上也屬於給人帶來榮譽的品質，對榮譽的愛也驅使看我們去獲得這些品質。

包爾生強調對榮譽的愛僅僅在人類世界出現，也是人與動物的區別，因為理智的群性生活才能達到如此完美和穩定的狀態，而人也才可能在意識的整體中獲得對自身的持久的認識。縱欲、放蕩和奢侈給人帶來恥辱，一個人在沾染這些惡習之後，將給他帶來恥辱，透過對榮譽的熱愛與追求，意志將引導我們控制慾望，因此包爾生強調：高尚的勇氣、正當的憤怒、對榮譽和盛名的歡樂渴望，幫助理性訓導這些感官欲望（何懷宏、廖申白譯，1989：405；Paulsen, 1899）。

包爾生將對榮譽的愛規定為用誠實的和道德的行為去尋求對於道德的和善的行為的確認的意志習慣和行為方式（何懷宏、廖申白譯，1989：497；Paulsen, 1899）。藉此細分出對榮譽的愛的兩個部分：「恰當的驕傲」以及「恰當的謙卑」。包爾生認為虛榮和奢望的人總是急切地希望被看作是某種人物或代表著某種事物，而且，如果有可

能的話，希望成為某種人物。而「恰當驕傲」的人，則首先希望自己成為某種事物，然後才是希望，如果可能的話，被看作是某種人物（何懷宏、廖申白譯，1989：499：Paulsen, 1899）。

　　對榮譽的愛的另一個內部形式是「謙卑」。包爾生認為真誠的謙卑和真正的自由精神是一致的：謙卑的、有自由精神的人向真正可尊敬的事物致敬，即使是在這種事物以卑下的形式出現的時候；僅僅在這種可尊敬的事物帶著一種外部權力的時候他才拒絕這樣做（何懷宏、廖申白譯，1989：501：Paulsen, 1899）。

　　包爾生主張自尊是恰當的驕傲和謙卑的基礎，所謂的自尊就是「對自己的認識」，換言之，便是「自信」和「自知」，這是一個人對自己的價值的恰當評估價，對自己的能力和成就的恰當評估。尊敬和無禮、崇拜和蔑視、敬重和厭惡……等，這些情感以判斷的形式表現自己並為其他的情感所影響、加強和共鳴，因而產生了對於社會中的特定個人的某種總的價值估價的東西：這就是他的客觀榮譽（何懷宏、廖申白譯，1989：493：Paulsen, 1899）。當一個人過度的貶低自己，將產生卑怯，卑怯是對於生活中展示在我們面前的問題的一種習慣性怯懦，換言之就是退縮，對於生活的困難只能躊躇怨對，認為自己無力解決，卑怯減弱吾人的去行動或去忍受的能力；反之，對吾人的任務的過低估價以及過高估價，將產生高傲，在它看來努力是多餘的，所以它與怯懦同樣地招致失敗。然而吾人要怎麼培養自尊呢？包爾生認為：

　　通過生活、忍受和行動，我們就能獲得對於自己的能力範圍的直接的可信的認識，這樣，在選擇我們的任務、決定我們對待某種處境和某些人們的態度方面才不致逾越我們自己的界限，才能以確鑿地把握去選擇恰當的事情並作好這些事情（何懷宏、廖申白譯，1989：502：Paulsen, 1899）。

　　綜上所述，我們可以發現，包爾生強調的驕傲是一種榮譽恰當的

「接受」，而謙卑是榮譽恰當的「贈予」。對於道德的發展來說，包爾生認為榮譽是道德的捍衛者；對榮譽的愛首先推動看意志去發展自重的德行，然後又推動看它去獲得社會的德行，或者至少是避免不公正的行為、謊言和犯罪（何懷宏、廖申白譯，1989：496；Paulsen，1899）。對榮譽的愛是一種理想的自我保存的衝動，對於個人、民族和社會而言，都是如此，因此包爾生一再地強調一個民族慾望自由、力量、榮譽，或任何標誌著它所珍視的理想的口號，它絕對地慾望它，而不是為了別的什麼東西（例如快樂或幸福）的緣故，是的，所有傾向於實現這一理想的行動都帶來滿足（何懷宏、廖申白譯，1989：236；Paulsen, 1899）。

三、群性論：利己主義與利他主義

在包爾生的目的論倫理學中，主張意志的根本目標乃於追求個人以及周圍個人的幸福。在利己利他的對立上，包爾生先以動機區分何謂利己主義與利他主義：

凡動機是個人利益的行為被稱為利己主義的；動機是他人利害的行為被稱為利他主義的。有些道德家把這兩種動機看作是相互排除的，認為每一行為不是利己主義的就是利他主義的動機的產物，因而不是利己主義的就是利他主義的行為（何懷宏、廖申白譯，1989：327；Paulsen, 1899）。

換言之，利他主義的原則是只有當行為受純粹他主義動機決定時，它們才具有道德價值；相反地，純粹利己主義則堅持把個人的利益作為行動的唯一目的，此目的不僅是被允許的，而且是道德上必須的。在包爾生目的論論理學中，認為利己主義與利他主義的道德原則建立在錯誤的人類學理論上，導致錯誤的延伸，康德認為人的知識能力的發展，開始是以自我為中心，也就是「利己主義」，例如具有「我有」、「我能」（Ich kann）的觀念，一切的談論皆以我為中心，而人有了知識能力之後才能「利己」（Selbstsucht），以找尋有利於己之可見的幸福（詹棟梁，1986：80）。包爾生認為這樣的說

法都持有一種舊的理性個體主義的見解，認爲每一個體都是一個絕對獨立的存在，只是不時地和偶然地與別的存在發生接觸（何懷宏、廖申白譯，1989：329；Paulsen, 1899）。或許我們可以想像一個所有的個人都根據純粹利己主義的準則行動的社會，但是一個所有的人都普遍地按照純粹利他主義的準則行動的社會是不可能存在的，當我們把純粹利他主義作爲主導的原則，每個人都只關心他人的利益而不關心自己的利益，我們顯然就會造成一種荒唐的利益交換，使集體生活成爲不可想像，也是沒有意義的了。

任何對個人生活的義務也都可以解釋爲是一種對他人的義務，任何對他人的義務也都能夠證明爲是一種對自我的義務。包爾生認爲在我們實際生活的實踐中並沒有如休姆所說的獨立，個體與團體正如人的器官與身體，互爲關連，個體發揮各自作用，正如器官各自運作，看似不相連，實卻相聯繫，使身體得以生存，正如「唇亡齒寒」的道理，審視行爲的動機與效果時，我們是否總是能以足夠的準確性區別我們的眞正利益和表面利益，一種眞實的利益是否總是戰勝暫時的利益呢？包爾生認爲這是值得懷疑的，他強調：「行爲的動機和效果不斷地在打破界限，在利己主義和利他主義之間交叉貫通」（何懷宏、廖申白譯，1989：330；Paulsen, 1899）。即便是在客體中，個人同整體的這種客觀聯繫也能在他的意志和感情中得到了主觀的反映。

在行爲的動機與效果上，通常存在著一種「和諧關係」，個人幸福與普遍幸福之間的對立、利己動機和利他動機的對立在包爾生觀點中並不是常規，而只是例外。的確，個人犧牲別人的利益而謀求自己利益的行爲無疑是存在的；反之，也有爲了他人幸福而犧牲個人利益和愛好的行爲，但吾人並不能於此便假定個人的幸福先於普遍幸福，亦或是普遍幸福重於個人幸福。生活在擁有健康身體、美好家庭與良好工作的人，個人幸福與普遍幸福相輔相成，並不需要經驗衝突的生活，然而當國家發生戰爭危難，需要奉獻個人心力之際，衝突才有可能產生。

然而，在衝突發生時，面對個人幸福與普遍幸福的抉擇，什麼才

是吾人的道德判斷標準呢？包爾生判斷的出發點在於：

　　如果最大多數人的最大幸福是絕對的目標，如果行為的客觀價值是根據它們產生快樂的性質來衡量的，那麼當犧牲個人利益能給他人導致更大幸福的時候，做出犧牲就是必需的；而當它只能給他人帶來較微小的幸福甚至帶不來幸福時，作出犧牲就是不許可的（何懷宏、廖申白譯，1989：339；Paulsen, 1899）。

　　在此吾人必須依靠自身在道德上的明智老練來作出決定，而這種明智，通常是由它們與自我的活動中心的距離所決定的，包爾生將此喻之為「同心圓」，每一自我都在一個同心圓中把所有其他的自我安排到自己周圍，離中心越近越值得我們付出；反之，離這個中心越遠的利益，它們的重要性和驅動力也就越少，對於普遍的利益，包爾生強調幸福或利益並不像一個硬幣，能從這個手倒到那個手，幸福產生於成功的行動，因而不可能像一個禮物一樣贈送給別人，這個人必須自己努力去獲取它，吾人所能做的只是供給他實現幸福的外在手段，亦即不時給他一些幫助。給予者與接受者的援助有效程度，將取決於距離自我同心圓距離，距離越近，援助越是有效距離越遠，援助的有效程度自然較低；因此即便一般的人們的偶然聯繫所帶來的義務較為重大，對於吾人的行動也是始終只是「部分地」受到影響。

　　綜上所述，包爾生在行為動機為利己或利他的爭議點中，主張利己與利他動機乃是「同時」存在於一個行為中，而一個行為亦包含諸多動機，諸多涉及利己以及利他的動機合作成為一個意志，因此追求幸福的意志乃是利己又利他的，利己與利他動機通常是和諧存在的，僅有在面對個人與國家存亡際才會面臨衝突，在此時並非一昧地捨小就大，而是謹慎做出價值判斷，以最多數人的幸福為考慮，方能讓個人的犧牲有最大的意義與貢獻。

參、包爾生倫理學的師道文化意涵

一、為師的道德養成

我們可以從包爾生以目的論立場定義人意志最高目的：「至善」，作為今日我國師道文化「為師」道德養成的參考。包爾生認為「至善」是意志的最高目標和支配我們的道德判斷的根本原則，因此包爾生強調，一個人和一個社會的至善都在於生命的完美發展和訓練（何懷宏、廖申白譯，1989：219；Paulsen, 1899）。社會乃由個人所組成，個人亦無法脫離社會而居，意志的最高目的—至善—必須重視個體的個性和群性，道德觀的目的便是在培養同時具有個性和群性的個體，透過個體生命的完美發展，豐富所屬的社會、民族、國家。正如包爾生所言：人的意志尋求以一種個人的形式來表現他所屬的民族的生活，同時它也保存和豐富了民族的生活（何懷宏、廖申白譯，1989：235；Paulsen, 1899）。在師資培育的養成過程，應重視訓練個體，使個體兼具個性與群性，學校乃是個體接受群性訓練的重要場所，師培機構可說是未來教師個體接觸的重要公共領域，透過成員的溝通、合作、學習、競賽、衝突等接觸，與公共領域連結個體的私人部分，藉以促進培養群性的產生。

首先，在師資培育的道德養成上，首先應重視個性的發展，透過各種意志的訓練，培養正義、誠實、同情、仁慈等德行，型塑正確的態度與觀念。其根本應為引導人在生活實踐中，透過實踐創造幸福美好的生活，因此道德觀如欲培養未來教師個性，就必須回歸吾人的實際生活。面對社會複雜的道德困境問題，在充滿不確定性、多元觀點的社會，價值判斷的複雜性與難度增高；且大眾媒體藉由各種管道傳播許多負向實例與教材，導致倫理相對的論點充斥、社會價值觀點混亂，這不僅使得學生容易不知所措，即便教師身在其中，亦多喪失自我抉擇能力與價值立場。如此，應培養未來教師在面對價值判斷困惑時，以包爾生對善惡的價值判準做為參考；包爾生認為透過「行

為類型」和「意志行為」對行為者及周圍人的生活自然產生的效果來說明善惡的區別，將傾向於保存和推進人的幸福的行為稱作善的，傾向於擾亂和毀滅人的幸福的行為稱作惡的（何懷宏、廖申白譯，1989：194；Paulsen, 1899）。道德實踐的動力不只在於當下的認知與抉擇，更在於日常生活因關懷關係而蘊育的道德自我感，潛藏在其中的道德自我理想形象，是可以掘發道德力量的真正源頭（方志華，2000：47-48）。

　　而群性的培養歷程，應培育未來教師能真正的體驗社會生活、在其中思考與行動，並能進一步加以反省才得以內化為自己的行為。體認學校是一個公共領域，舉凡課堂上、教室中、下課時間、運動會等等，都是讓學生培養群性的空間，透過與他人的互動，促使學生面對道德問題、道德衝突，進而接納、包容、尊重、關懷。善，是一種目的，也是一種自我實現。德行也同樣如此：就它們代表著善者的品性而言，它們也不僅是一個外在的目的的外在手段，而是本身也是完善的人生和至善的一部分。同樣，作為德行的表現的道德行為同時也是目的的實現，而不僅是外在的手段（何懷宏、廖申白譯，1989：217；Paulsen, 1899）。如今社會已邁入全球與多元社會，在多元社會之中不可能僅有一元的聲音、人與人之間的關係更不應該是疏遠的，而是更為緊密連結的，群性的道德觀培養未來的公民能夠具有社會事件的判斷能力與追求自我與社會的完善。這也正是教育部在「品德教育方案」中所期望的「更期奠定公共領域之共識基礎與規範，增強身為現代公民應有之核心價值、行為準則與道德文化素養，使社會更朝良善發展」（教育部，2004）的期許。個體只有經過社會化，才能充分個體化，因此為人師的道德觀應重視群性的養成，可透過個別的、或群體的討論，進而建立團體所認同的共同生活規範，唯有個體才能真正認同群體的規範，也才能得以發自內心的服從，而這樣才是個體真正的群性開展，並能使個體自身與團體的良善發展。

　　綜上所述，傳統的道德觀重視個人修養，強調尊師重道、兄友弟恭、父慈子孝等德行，主張求諸於己發展個性，才能進而推己及人，

豐富社會，群性乃建立在個性的完備之上。在人的發展過程中，賦予各種圖像、概念、價值、理想等，以形成意志的取向。這使人更爲穩定，並且具備應有的生活方向（梁福鎮，2006：85）。包爾生強調每一個個體都有保存及推進其生活的慾望，吾人乃群居動物，推進生活的完善，乃是個性發展；而保存和豐富民族的生活，更是群性的展現。兩者在道德觀的目的上皆重視個性與群性的發展，即便兩者所重視的德行因時空差異有所不同，但其精神是相近的，可作爲今日未來教師道德養成的參考。

二、為師的榮譽感養成

在道德發展上，榮譽對於人的行爲具有相當的重要性，包爾生認爲任何一個提高人的能力和影響的事情都能提高他的榮譽。既然榮譽的提高產生快樂，榮譽的下降造成痛苦，對榮譽的愛就推動意志決心去尋找提高榮譽的事物，去躲避損害榮譽的事物（何懷宏、廖申白譯，1989：495；Paulsen, 1899）。因此，在爲師的榮譽感養成上，包爾生認爲吾人內心能夠透過完成社會認同的榮譽的事情而得到快樂，因爲榮譽的提高能夠得到快樂，因此榮譽乃吾人心之所向，包爾生稱其爲「對榮譽的愛」；爲師者惟有以自身職業、志業、使命爲榮，方能感化學生，使其願意「敬師」，進而「尊師」。

榮譽感養成的目標應著重在引發未來教師對自身職業產生「對榮譽的愛」，透過以師培機構爲場域，促使未來教師在其中學會生存、學會完成任務、學會共同生活，遵守共同規範，獲得社會化。養成過程可從「體驗成功」出發，若要想使未來教師發覺自身追求榮譽的渴望，必須讓其體驗成功的經驗、突出的感覺。透過教育實習、志工服務，個人或班級競賽、擔任班級幹部、運動會等活動，使其體驗獲得榮譽所得之肯定，進而引發榮譽感，因此師培機構應鼓勵未來教師積極爭取表現，多方讓未來教師體驗成功的感覺，並強化教師之神聖使命及重要性，如此將能幫助發覺自身對於「身爲教師」這份榮譽的熱愛，個人以及集體的榮譽感也會隨之慢慢的建立起來。

　　值得注意的是，包爾生將對榮譽的愛規定爲用誠實的和道德的行爲去尋求對於道德的和善的行爲的確認的意志習慣和行爲方式（何懷宏、廖申白譯，1989：497；Paulsen, 1899）。藉此細分出對榮譽的愛的兩個部分：「恰當的驕傲」以及「恰當的謙卑」。如果有可能的話，希望成爲某種人物。而「恰當驕傲」的人，則首先希望自己成爲某種事物，然後才是希望，如果可能的話，被看作是某種人物（何懷宏、廖申白譯，1989：499；Paulsen, 1899）。因此，師培機構在培育未來教師過程，除幫助其體驗成功外，更應適時的引導未來教師對「教師」這項職業恰當的驕傲，因爲榮譽感的養成中，透過對教師的正面評價，將使他們認知到自身的努力將有價值，並且使它充滿眞正的喜悅，而非沈浸在虛幻的掌聲中，更能誘發未來教師以自身職業爲傲的榮譽感。

　　「恰當的謙卑」則是把屬於自身的榮譽給予每一個人，以他人的優點爲歡樂，承認他人的能力、尊重美德。包爾生認爲眞誠的謙卑和眞正的自由精神是一致的：謙卑的、有自由精神的人向眞正可尊敬的事物致敬，即使是在這種事物以卑下的形式出現的時候；僅僅在這種可尊敬的事物帶著一種外部權力的時候他才拒絕這樣做（何懷宏、廖申白譯，1989：501；Paulsen, 1899）。在教師養成過程中，應鼓勵未來教師積極爭取榮譽的同時，亦需時時提醒謙卑的重要，使其對自己價值有著正確的評估，避免過渡的膨脹自己，一昧的驕傲流於自大。換言之，教師必須培養自身良善的「自尊」，包爾生認爲自尊是恰當驕傲與恰當謙卑的基礎，也就是「自信」與「自知」，正確的評估自己的能力，師培機構可透過活動與討論幫助未來教師自我覺察，藉由實踐行動幫助對自己的能力範圍進行認識，幫助選擇恰當的事情，並且把事情做好。

三、爲師的公民意識養成

　　教育之於個體與群體的意義，乃當個體或群體在追求幸福、面對困挫的時刻，得以一種「社群生命」的形式作爲彼此存在的依靠。透

過社群的傳遞，可使個體的生命、信念、價值、熱情延續，呈現爲一種價值守護，也進而讓社群的文化內涵生生不息。正如杜威（John Dewey, 1859-1952）所言：「社群中組成的任何一個分子之生與死，這種基本上無法避免的事實，決定了教育的必要性」（林玉体譯，1996：2-3；Dewey, 1916）。爲人師者，除上述的道德養成、榮譽感養成外，應重視公民素養的薰陶；教師僅爲吾人在社會上的身分之一，教師在「公民」這個國家社會賦予的角色上，更應發揮自身的影響力，成爲學生學習的模範。

華爾徹（Michael Walzer, 1935-）在論及公民教育時，並非把所有教育過程均當成一視同仁，而是把公民教育分成「基礎教育」與「專門教育」進行探討。基礎教育主要是在培養公民的基本能力與基本知識；而專門教育則是以培養各種行業的專門技術或知識爲主（Walzer, 1983：209）。由此可知，教師的養成過程中，除重視教師技能的專門教育外，更應強化是基礎教育，其目標在於「需要」，即所有的未來公民都有成爲公民的需要，此乃是一種與公民地位相關的簡單平等，每一個個體皆有必須成爲國家社會良好之公民，未來教師應先學會如何成爲一個公民之後，再學著去當「教師」這個專門職業的人士。

爲師的公民意識養成，並非一味地重視教師在公共事務上如何適切地扮演公民角色，應從重視個體追求自身的幸福與欲求出發，進而推衍出其對社會、國家責任感與公共事務的參與，任何道德、政治、哲學或藝術上的進步，乃源自於個體思想、文化、德行的追求，進而產生與公共需要間的契合，方能形成社會的進步，而非單單透過公民知識之灌輸、情意養成與技能的學習便能獲得。然而，習得相關的公民知識，必須透過正確的道德思量才得以促進自身以及社會的進步與最大利益。因此師資培育機構在公民意識養成中，應教導未來教師正確地在個體與群體的利益上做出權衡：即「何時該追求個人幸福，何時該選擇犧牲小我，完成義務？」此乃每一個公民應當具備的素養。包爾生認爲既然一個行爲中利己和利他的動機是同時存在的，意志追

求的幸福也無法純粹區分為個人幸福或普遍幸福。

在未來教師的養成過程中，應先澄清教師自身對於個體、社群道德價值判斷的觀念，體認個體為社會、為國家、為民族服務奉獻，就是過去所謂「犧牲自我，完成大我」在多數情況中，包爾生認為追求自身幸福與普遍幸福是和諧、不相衝突的。在教學過程中，可透過介紹公民義務的過程中，引導未來教師釐清義務並非是一種無關自身的強迫，對他人的義務和對自己的義務並不相互排除，因為個人的幸福和每個人都是其組成部分的集體的幸福非常緊密地交織在一起，如同家庭與社會、經濟方面的團體、國家等，任何一個關心他自己的真正幸福的人同時也推進著這些集體的幸福。如此將能修正未來教師對於公民應盡義務的被動態度，體認對社會完成義務亦是完成自身的幸福，進而促使其積極的服從義務，釐清完成大我就是犧牲小我的觀念。華爾徹認為民主國家的公民教育不應從成人身上著手，而「必須從兒童開始」（Walzer, 1995：184）。透過公民意識的養成，將幫助未來教師習得公民知識的同時，亦應重視其在團體、社會、國家等公共領域角色上的學習，透過包爾生對於利己利他概念的觀念，將能薰陶未來教師具備正確道德思量，成為成熟的公民，為個體與社群的幸福努力。

肆、結語

包爾生的倫理學思想，在德國傳統哲學的繼承與超越下，一方面延續了德國歷史學派的探究方法，在歷史的脈絡環節中，嚴密周詳地針對論證意志的、目的論的倫理學觀點；一方面試圖跳脫形而上的窠臼，藉由亞里斯多德、康德以及個人創見的結合，以實踐的角度調和理性與情感、感官愛好的道德衝突，緊扣意志自由的立場，試圖彌補社會、民族、文化脈絡脫離的缺陷，提出獨到的見解。

《禮記・學記》有云：「凡學之道，嚴師為難。師嚴然後道

尊，道尊然後民知敬學。[1]」師道文化之養成，貴在「實踐」，包曼（Zygmunt Bauman, 1925- ）就從後現代的觀點，提出個人必須是自由自主、自我負責的以自己道德判斷來決定，才可能真正促進道德的成長與成熟（Bauman, 1999）。包爾生的倫理學思想屬於實踐的科學，以實踐智慧為核心，強調倫理學思想的現實性與實踐性。本文嘗試以實踐的角度出發，闡述包爾生倫理學的涵義，嘗試在為師的道德養成、榮譽感養成及公民意識養成上整合出其思想的展現意義，藉以找尋師道文化教育的價值，在教育場域中型塑為師者的實踐智慧。

　　本篇研究期能透過教育詮釋學的方法，提取原著中包爾生的思想以及相關師道文化意涵，然教育詮釋學所需要的理解文本能力是部分段落與整體意義的交叉來回的過程，因此對於文本的解讀必須是相當瞭解，研究者礙於對德文的限制性，無法直接閱讀包爾生的原著，僅能從中譯本以及英文譯本相互參照，在語言之間的轉換上，將無法避免未能精確掌握原意之可能性，在詮釋上可能有主觀、片面之虞。此外，在西洋倫理學體系的部分，由於中西方道德發展的淵源不同，在此部分的類推上將有所限制，無法完全符合東方所謂道德、榮譽、公民意識的論述，因此在類推並非全然適用於今時今日的國內教育，僅期能為國內師道文化振興提出淺薄參考。

參考文獻

方志華（2000）。女性主義關懷倫理學對西方道德哲學進路的省思。**鵝湖月刊**，**26**(4)，46-48。

何懷宏、廖申白（譯）（1989）。Friedich Paulsen著。**倫理學體系**。臺北：淑馨。

1　凡是為學之道，以尊敬老師最難做到。老師受到尊敬，然後真理才會受到尊重；真理受到尊重，然後民眾才懂得敬重學業。

林火旺（2004）。**倫理學**。臺北：五南。

林玉体（譯）（1996）。Dewey John著。**民主與教育**。臺北：師大書苑。

梁福鎮（2006）。**教育哲學：辯證取向**。臺北：五南。

黃武雄（1995）。**臺灣教育的重建**。臺北：遠流。

詹棟樑（1974）。包爾生的哲學思想與教育思想。**教育與文化**，416，46-49。

詹棟樑（1986）。**教育人類學**。臺北：五南。

詹棟樑（1997b）。**教育倫理學導論**。臺北：五南。

鄔昆如（1993）。**倫理學**。臺北：五南。

劉莘（譯）（2003）。Kymlicka Will著。**當代政治哲學導論**。臺北：聯經。

Bauman, Z. (1999). *In search of politics*. Cambridge: Polity Press.

Galston, W.A. (1991). *Liberal purposes*. Cambridge: Cambridge University Press.

Paulsen, F. (1899). *A system of ethics*. (F. Thilly Trans.). New York : Charles Scribner's Sons. (Original work published 1899)

Walzer, M. (1983). *Spheres of justice: A defense of pluralism and equality*. UK: Martine Robertson & Company.

Walzer, M. (1995). Education, democratic citizenship and multiculturalism. *Journal of philosophy of education, 29(2)*, 181-189.

第三章

我國教師職前教育的教師專業態度養成課程之探討

廖昌珺
國立彰化師範大學教育研究所博士生

翁福元
國立暨南國際大學教育政策與行政學系教授

林青松
臺中市西寧國小輔導主任

摘要

　　面對社會出現教師不當行為事件層出不窮而言，在目前多元儲備與甄選型態的教師職前教育中，教師專業態度的養成是需要加以重視。從教師專業態度的思考角度，檢視我國教師職前教育的養成歷程是否對此有所疏漏，而只重知識與技能，忽略教師專業態度的培育與陶冶。

　　本研究方法係以文獻分析，從法令、師資培育學校的課程內容與結構、養成時間到任職前及其他相關問題，分析探討教師職前教育對於教師專業態度是否有明顯的養成過程與課程安排，及可能的導向。分析職前教師培訓課程中，教師專業態度養成方面的課程所佔的比例。

　　結果發現，目前師資培育的進程與課程，並未發現有明顯的獨立的教師專業態度課程專講，強調的是教師專業知識與技能，忽略教師專業態度養成進度的安排與長期計畫，顯示教師職前的教師專業態度教育養成的時間不足。於實習方面，輔導機制與任職初段時間缺乏聯結。

　　因此，提出以下建議：

　　一、兼顧教師專業態度養成及生涯規劃能力的培養，融入與持續於教師專業發展歷程。

　　二、強化輔導教師的功能，進一步培養教師專業態度與彌補養成時間的不足與落差。

　　三、職前與初任教師的輔導銜接，使教師專業態度養成課程延續與檢視品質。

　　四、調整師資培育課程結構，增加專業態度養成的課程與潛在課程的重視。

關鍵字：教師職前教育、教師專業態度

Abstract

It is believed that it is necessary to pay maore attitude to and/or reinforce teacher's professional attitude in initial teacher training for such a situation that is full of educator's unappropriate behaviors take place in school. Hence, the main purpose of this paper are to explore whether or not current initial training programme just focuses on professional knowledge and skill but ignores the development of professional attitude.

The main method used in this paper is literature review. In this paper that main issrue that are to be examined are: firstly, problems of the teacher-training related act and/or law; secondly, the problems of the development of professional and the training agenda.

It is found that the initial teacher training programme and procedure not only do not afford specific course,but also do not take the long-term development into consideration of the cultivation of teacher's professional attitude, just emphasize the knowledge and skill of teaching. This tells us that the fine and course of the fostering with regard to intenshing, teacher's professional attitude is insufficient with regard to instership there is a great gap between mentoring and induction stage.

According to the result mentioned as above,this study affords the helpful suggestions show are followings: Firstly, to cultivate career plan capacity, form teacher's professional attitude, and intergrate into teacher's professional development process; Secondly, to strengthen the founduction of mentor system, advance to teacher's professional attitude and complete that; Thirdly, to connect the training from preservice teacher to induction stage and extract teacher's professional attitude; Fourthly, to adjust the course form of teacher cultivation, increase teacher's professional attitude course, and attach importance to hidden curriculum.

Keywords: teacher's pre-service education, teacher's professional attitude

壹、前言

　　師資培育是教育品質的關鍵要素之一，職前教育更是師資培育的基礎與開端。面對社會出現各類學校教師不當行爲事件層出不窮而言，以目前多元儲備與甄選型態的教師職前教育中，教師專業態度的養成是需要加以重視。從教師專業態度的思考角度，檢視我國教師職前教育的養成歷程是否對此有所疏漏，而只重知識與技能，忽略教師專業態度的培育與陶冶。

　　我國自1994年「師資培育法」公布施行以後，師資培育政策從一元化、計畫性、分發制改爲多元儲備與自由甄選機制。此多元化政策後，改變了國內一條鞭、封閉式師範培育的方式，隨者當時個大學面臨高教資源緊縮的困境，許多大學紛紛以設立教育學程，來增加該校學生出路的情形（周祝瑛，2009）。因此，教師的職前教育的發展成了一個重要轉折，而教師的專業素知能與專業態度應朝向更被期待的良性發展與要求，以符應師資培育的變革的目的，不然徒增師資培育改革的迷思與勞頓。

　　因師資培育法的公布，接踵而來的相關法規細則、辦法、標準與要點原則跟著有所新增與變更，這些教育現場實施的依據是容易影響教育實踐的品質。其中以學校的主體之一──教師扮演的角色相形亦重，尤其以我國固有師道的思想「經師」與「人師」的延續；因此，教師除了呼應前者爲專業知能外，後者更爲教師專業態度所任之。所以，本研究針對教師職前教育的專業態度的養成爲主題，希望透過研究結果，提供教師及師資培育政策相關人員有所參考，提昇學校教育品質。

　　本研究所稱的教師職前教育的對象是指師資培育法規定擔任高級中等以下學校及幼稚園師資者，研究方法係以文獻分析，從法令、師資培育學校的課程內容與結構、養成時間到任職前及其他相關問題，分析探討教師職前教育對於教師專業態度是否有明顯的養成進程與課程安排，及可能的導向。

貳、教師的專業態度

　　在一種專業工作領域裡，專業態度是不可或缺的。態度容易給人不是相當具體的說明，但容易以個人接受程度的敘說面對人、事、物的感覺；教師的專業態度既是專業於教師一職，便須以教師的專業為核心概念看待教師的專業態度。以下就先以態度意涵，進而提論到教師的專業態度面向，到教師專業態度養成效果之檢測與評鑑，探討教師的專業態度。

一、態度之意涵

　　態度（attitude）是指個體對人、對事、對周圍世界所持有的一種具有一致性與持久性的傾向，具協調且有組織的複雜內在心理傾向（如想法或信念）與判斷；此種判斷是分別因人的行動（action）、感覺（feeling）與情緒（mood）等所組成且呈現的立場（position）或因姿態（posture），以行動（acting）、感覺（feeling）與思考（thinking）展現出一個人的傾向（dis-position）、定位（opinion）與思想（mental）的狀態。態度是一個人對於物體、個人或群體、機構或事件或者想法，以特定方式的反應，呈現喜歡或不喜歡的主要的傾向。此種傾向可由個體外顯行為去推測，但態度的內涵卻不限於單純的外顯行為。態度內涵中除行為的成分外，尚包括情感與認知；只是這三種成分的多寡，隨個體年齡、性別、性格等而有所不同。正因為態度中含有認知與情感成分，故而在對人對事的態度表現上，也有積極態度（他認為是對的，他喜歡，故而他支持）與消極態度（他態度是錯的，他不喜歡，故而不支持）之分。在社會心理學領域的核心

概念，態度是假設的架構，一個人顯現對於一些事物的某種態度，是以其對事物的概念所做的反應而不是事物實際的情況，對某些事物所顯示特定的態度；反應可能是沒有意識的反射；態度是比情緒或一時興起更持久，是具一致與持久性的反應表現。態度與意見有密切的關係，且態度是一些學習經驗的結果所形成的。人們所具有的態度，能深深地影響其個人與更大情境中的行動模式（Attitude, 2012a; Attitude, 2012b; Encyclopedia Americana, n.d.; Guralnik, 1984；三民書局大辭典編纂委員會編輯，2000；教育部重編國語辭典編輯委員會編，1981；張春興，1996）。

　　因此，態度是指個體對於周遭人、事、物或各種情境中，產生喜歡或不喜歡、消極或積極的表現，且是具有一致性與持久性的反應傾向。態度的內涵含括認知與情感度，會隨著個體年齡、性別與性格，且在一些學習經驗的結果形成下，影響個人與情境中的行動模式。

二、教師專業態度之面向

　　教師是專業的教育工作者，應該有專業能力、專業倫理、專業精神，謹守教育的分寸，發揮教學的效能，使教學順利的進行。當教師具備了專業訓練、專業倫理與專業精神以後，還要有服務的理念，這種服務的理念稱為教育服務（詹棟樑，2005）。Hoy與Miskel（2005）的研究顯示學校是服務性組織，優勢地提供專業與半專業的人員的組成；學校組織的結構基本是科層體制、具有權威的顯現；教師團體是較專業、較多的挑戰性。教師是教職此一專業工作的行為人，而其個人的發展將直接影響其專業執行情況（黃淑苓，2005）。

　　專業具備的特徵：系統化的知識、長期的專業訓練、證照制度、專業組織、在職進修、專業自主以及專業倫理（王為國，1995）。賈馥茗（1979）認為所謂專業，是指從業者具有卓越的知識和能力，他們對知識和能力的運用，關係著別人的生死或利害。其又提到專業的意義，一方面指精湛的學識，卓越的能力；一方面則是服務或

奉獻。教育專業當以協助學生全人的發展爲鵠的。

　　教師的專業態度是建立於教師的教育工作基本角色，專業態度則含括了教育態度與教育信念（簡茂發等，1998），所以從教師的角色看教師的應有專業發展態度在於原有的教育本質。專業態度或稱專業取向，一般來說包括三的面向，即認知面向（專業知識與技能的精進）、規範面向（專業規範的遵守）與評價面向（強調專業的自主性與尊榮感，認爲自己的專業對社會有貢獻）；從這三個面向，透過運作定義，可以測量專業態度的程度（吳瓊恩，2005）。Wang（1999）從科學教師教學態度的研究結果指出典型的實習教師利用多樣化教學取向培養學生對科學的正向態度，且激勵學生較高層次的實習經驗與合作學習的思考；需要更注意學校與合作教師持續成長的課程結構的建立。因此，從教師專業成長內涵及專業能力分析中，教師專業態度是向度之一，應包括對於教育工作的態度與服務熱忱及任教承諾、教學意願等（林佩璇與王振德，1998，蔡俊傑，2003）。

　　對於教師專業態度的表現具體而言，可以透過指標加以明顯列出。以潘慧玲等人（2004）將國民中小學教師教學專業能力指標之建構分成「層面－向度－指標」三個層次中，專業發展層面的專業態度能力向度中對於專業態度方面內容爲：1.願意投入時間與精力：適當利用課餘時間，進行與教學相關的學習、研究或準備；了解教育爲專業，願以工作完成爲導向；願意花時間指導學生積極參加校內、外活動或競賽。2.信守教育專業倫理：瞭解並實踐自己對學生的職責；認同學校，爲組織改進而努力；積極參與「教師專業社群」；遵守教育法令相關規定。

　　由前述的態度定義在於個人的情感與認知所發展出的行動，而行動的表現顯示了積極與消極兩種不同面向。教師的專業態度除了既有的法規賦予基本的專業形成條件及專業知能外，教師自身的專業態度應表現於有專業組織與專業倫理，自我系統化知識的成長，以產生有更優質的及專業的教育服務。尤其面對教育與社會脈動趨勢與變化，教師專業態度顯現得更爲重要。因此，教師專業態度的面向可分爲：

1.認知面向：專業知識與技能的精進，能持續教育專業知能的自我研究與進修成長。

2.情感面向：具教育服務熱忱，瞭解並表現專業倫理與專業精神。

3.行動面向：專業規範的遵守與專業團隊參與的表現，顯現正向與積極的一致反應傾向。

4.評價面向：認同學校，有專業榮譽感，能表現出教學意願並對學校與社會有所貢獻。

三、教師專業態度養成效果之評析

對於教師專業表現與評鑑而言，教師專業態度的層面與規準是包括教育信念、敬業精神、行政配合、人際互動與溝通能力表達等多項指標，並在實務上的教學態度，以教學動機與教學個性為依據（徐敏榮，2002；張艷華，2002；劉寶貴，2003；施樹宏，2004）。如果進一步的說明教師專業態度為：1.瞭解教育及社會脈動以因應教育變革需求；視自己為終身學習者，並經常考量與調整其教學實務；參加與教育有關的專業活動；知悉時下教育與社會趨勢，及瞭解其對教學與學生的影響，以做適時的價值及行為導引。2.參與學校發展的事務；積極協辦或參與學校各項活動；協助並參與教學評鑑與課程評鑑；瞭解學校發展的優劣勢，並參與學校願景的建立，以及課程的發展、討論、運作或評鑑，提供相關建議，並進行反思與調整等（簡茂發等人，1997）。

一個職前教師對本身的專業有正向態度，將對於專業有正面的評價；職前教師有著負面態度將反應在本身的教學行為，這些將特別地影響全面教育系統與學生（Onen & Ulusoy，2012）。S,ükran Tok（2011）對於師資培育教學態度的長期資料研究裡，從蒐集資料結果發現，對實習教師在師資培育時期觀察，面對教學態度的正向與負向的轉變。實習教師提到教學實習、合作教師、訓練計畫與輔導教師是這些轉變的原因。為了發展正向態度，師資培育機構與實習學校需

要創造提高對於實習教師的能力表現可信賴的環境。輔導教師與合作教師將有好的態度模式，輔導教師也能傳遞給實習教師。這因果關係需要設計激勵活動的參與及允許實施。Barry & Lechner（1995）對多元文化教育的教師訓練方案研究的結果，透過廣泛與長期方式致力於理論與實務，在智能、專業氣質與理解的教育裡，學生能獲得必要的知識與信心，以應付文化議題。

　　因此，對於職前教師的專業態度養成的評析，應是對於未來在職的專業發展具有前置性、連續性與基礎性的特徵。職前教師的專業態度養成檢測與評鑑的實施，是需要建立明確且能促進職前教師專業態度有系統的改善與教師專業態度提昇的發展途徑，以因應正向與積極的教師專業一致性的反應表現行為。

　　基於以上所述，職前教師教育專業發展態度對於將來學校任職，是具備了原有師資培育過程的養成與未來在職進修應有的對於教學服務、學習與研究的態度觀點。以教學與學習為主軸，實際教師於學校教育工作上之專業發展態度表現的層面，可大略分為課程、教學、班級經營、學生輔導、在職進修與研究、專業精神。因此，不僅面對理論與實務，或者專業知識與技能，教師專業態度的正向發展是一個重要影響因素：也是持續對於教師專業發展過程中，透過評價的機制，確保與影響職前教師的專業態度對於教育品質提昇的實踐關鍵。

　　因此，優質的職前教師專業態度的養成是基於對未來處於學校教育情境中，對於認知、情感、行動與評價等面向，顯現正面與積極並具一致性與持久性的反應傾向，並透過職前教師的專業態度養成的檢測與評鑑，對於未來在職的專業發展具有前置性、連續性與基礎性的特徵，以達優良品質的確保形成。

參、我國目前職前教師專業態度養成課程

　　目前我國教師職前教育相關法規（附錄一）對於師資培育中教師專業發展態度課程，並未明顯單獨列出，只有師資培育法第2條「師資培育應著重教學知能及專業精神之培養，並加強民主、法治之涵泳

與生活、品德之陶冶。」與教師專業發展態度較有明顯的相關性，但未明文規定教師專業態度發展的範疇，且明顯偏向專業知能課程部分。

對於職前師資教育課程的對象含括中等學校、國民小學、幼稚園及特殊教育學校（班）師資，規劃則以師資類科分別規劃並經教育部核定後實施；另為配合教學需要，中等學校、國民小學師資類科得序合併規劃為中小學校師資類科。各級與類科學校的職前教師培育機構是指師範校院、設有師資培育相關學系或師資培育中心之大學，依其發展特色及師資培育需要向教育部申請，經師資培育審議委員會審議通過後設立。

因此，我國的職前教師教育的課程是依據法令規章範圍之內所設立，並透過審議機制核准後通過實施。依在特定的標準下，職前教師教育課程即使有不同的類科，也不會有太多的變異性。也因其基礎的課程項目，其目的是為職前教師對於未來任職期間的準備，預期能有基本品質的保證。

以下分別依職前教師的課程的設立與主要內容及教育實習課程對職前教師專業態度養成更一步的探討：

一、我國職前教師的專業態度養成課程之設立

職前師資教育課程是指參加教師資格檢定前，接受相關法令規定之各項有關課程。我國師資培育課程課程分類為四大類。1.普通課程：學生應修習之共同課程；2.專門課程：為培育教師任教學科、領域專長之專門知能課程；3.教育專業課程：為培育教師依師資類科所需教育知能之教育學分課程；4.教育實習課程：為培育教師之教學實習、導師（級務）實習、行政實習、研習活動之半年全時教育實習課程；教育專業課程及第四款教育實習課程，合稱教育學程。

各師資培育大學規劃開設之各類科教育學程課程，分別為：1.中等學校師資類科─包括教育基礎課程、教育方法學課程、教材教法、教學實習及半年教育實習課程；2.國民小學、幼稚園及中小學校師資

類科―包括教學基本學科課程、教育基礎課程、教育方法學課程、教材教法、教學實習及半年教育實習課程；3.特殊教育學校（班）師資類科―包括一般教育專業課程、特殊教育共同專業課程、特殊教育各類組專業課程及半年教育實習課程。以下分別對專門課程與專業課程的職前教師專業態度進一步加以說明：

(一)職前教師專業態度養成之專門課程面向

　　幼稚園教師因屬於包班制，並未列出專門課程。國民小學教師雖有同屬包班制，但目前適用於國民小學各領域專長加註各領域專長專門課程以開設的有英語與輔導。各師資培育之大學依教育部訂定之國民小學教師加註各領域專長專門課程科目及學分對照表規劃辦理；其主要原則為：應為教育部核定培育國民小學師資類科，並為本對照表所列適合規劃之相關學系所；應瞭解並配合現行國民小學課程綱要之各領域教材大綱與能力指標內容且具備適切之廣度及深度。

　　國民中學職前師資教育專門課程以九年一貫課程學習領域主修專長為主，分別是：語文學習領域――國文主修專長與英語主修專長、數學學習領域、社會學習領域、自然與生活科技學習領域、藝術與人文學習領域、健康與體育學習領域、綜合活動學習領域等七大學習領域。中等學校各任教學科（領域、群科）職前師資教育專門課程分為國民中學學習領域主修專長、高級中等學校共同學科及高級中等學校職業群科等三種專門課程。高級中等學校職前師資教育專門課程適用於各類型高級中等學校之共同學科，其中資訊科技概論、公民與社會、生命教育、生涯規劃、法律與生活、環境科學概論科等分科課程；高級中等學校職前師資教育專門課程適用於職業學校各群科、綜合高級中學各學程，依職業群科分類。對於職前教師專業態度的養成可能有所提供，但篇幅畢竟非專業態度的專門課程來得有深度與廣度的完整性。

　　以上述而言，職前教師專業態度之基本涵養―教師專業知能之專門課程部分，依各級學校的所需的職前教師的專門課程有所不同，仍

以教育部所制訂範圍而設。對於職前教師專業態度的知能面向雖爲基本，但對於其他面向，如專門課程的倫理道德與精神部分，是可以考慮成爲各級與類別學校專門課程的基礎課程。

(二)職前教師專業態度養成之專業課程面向

一般教育專業課程：分爲學前教育階段、國民小學教育階段教學基本學科課程、教學基礎課程、教育方法學課程必修科目、中等學校教育階段教育基礎課程、教育方法學課程必修科目中選列。教育專業課程，包括跨師資類科共同課程及各師資類科課程。設有師資培育中心之大學開設各類科教育學程之教育專業課程科目範圍與應修學分數有基本的要求外，教育專業課程科目及學分數規劃實施與變更，包括跨師資類科共同課程及各師資類科課程，由各校擬訂經師資培育審議委員會審議，報教育部核定後實施。

幼稚園、中等學校教師、國民小學教師與特殊教育各類組的職前師資教育課程教育專業課程科目：必修科目及選修科目及學分；前者分爲學科與類組領域、參考科目與教學實習及教材教法課程而非全修習，後者則以由各校就師資培育理念、條件及特色自行規劃，並從必修科目的參考科目中非列爲必修科目者選定開設。特殊教育教師的特殊教育專業課程，分爲共同專業課程與各類組專業課程，共同專業課程皆爲必修。

因此，各級與類科的職前教師的專業課程共同部分爲必修的教育方法學課程，其餘教育專業課程，是依各級或師資類科共同課程及各師資類科課程的設立。以其所列課程項目也較偏向各級學校或類科所任職教學領域的專業知能學習，對於職前教師專業態度養成的未有較明顯接近的課程。

二、實習教師的實習教育課程的專業態度養成

依師資培育法施行細則第11條有關教育實習課程規定：爲培育教師之教學實習、導師（級務）實習、行政實習、研習活動之半年全

時教育實習課程。師資培育之大學為實施教育實習課程，應訂定實施規定，其內容包括下列事項：1.師資培育之大學實習指導教師、教育實習機構及其實習輔導教師之遴選原則；2.實習輔導方式、實習指導教師指導實習學生人數、實習輔導教師輔導實習學生人數、實習計畫內容、教育實習事項、實習評量項目與方式及實習時間；3.學生實習時每週教學時間、權利義務及實習契約；4.教育實習成績評量不及格之處理方式；5.其他實施教育實習課程相關事項。教育實習成績之評量，應包括教學演示成績，由師資培育之大學及教育實習機構共同評定，其比率各占百分之五十。

　　師資培育之大學應有實習就業輔導單位，辦理教育實習、輔導畢業生就業；地方教育輔導工作是結合各級主管機關、教師進修機構及學校或幼稚園共同辦理。實習學校（班）高級中等以下學校、幼稚園及特殊教育學校（班）配合及同意師資培育之大學辦理全時教育實習；主管機關應督導辦理教育實習相關事宜，並給予必要之經費與協助。師資培育之大學得設立與其培育之師資類科相同之附設實驗學校、幼稚園或特殊教育學校（班），以供教育實習、實驗及研究。

　　實習教師在未來學校任職場域實習課程，是最接近正式擔任學校教師前的專業養成的一種教學實踐。此時職前教師的專業態度養成，不僅在基礎的專業與專門課程的學習上，展現的專業教育工作者的行為，其專業態度的養成，更是重要的關注焦點。因此，雖名列教師專業態度養成顯著的科目與焦點，但以教育實習課程對於職前教師專業態度養成的檢視與評鑑面向而言，成了教學實境裡的教師專業工作的直接面對，這對於提供實習學校者與原師資培育的大學，是需負起更大的監督與評鑑者的責任，以利職前教師的專業態度養成更能接近在職教師應有的專業態度。

肆、我國教師職前教育專業態度養成課程問題分析

　　檢視我國國民小學的師資職前課程的實施情形，在普通課程、專門課程、教育專業課程、教育實習課程皆有若干潛在問題。普通課程

的發展以大學的通識教育為發展架構，不過由於通識教育沒有確切的定義與範疇，多數課程在缺乏學術理據且又難以擬定課程開設準則下，逐漸衍生出所謂「營養學分」的錯誤觀念，失去其原有課程價值。再者，國小師資培育之大學在設計師培生的普通課程時，也未能以國小教育的角度規劃，也是另一層面的問題（楊思偉、楊銀興與柴素靜，2009）。

以國外的師資培育政策改革看我國職前師資課程，楊深坑與黃嘉莉（2011）研究發現，綜觀各國師資培育政策改革趨勢，朝向標準本位方向進行，並透過凝聚共識發展各國理想教師圖像以及教師專業標準或核心能力，且在師資培育歷程中成為引導課程或評量教師素質的依據；尤其在師資生的甄選與培育歷程中，應特別篩選具有擔任教師特質者，而此教師專業態度也是我國師資培育政策所重視。雖然我國師資培育政策亦重視師資生品德的培養，包括強化師資培育課程中的通識課程，但是我國師資培育何種理想教師，尚未進行公共論辯。根據各國經驗，理想教師圖像是引導教師專業標準的目的，為促進教師專業標準的制訂，以及領導未來師資培育政策方向，發展符合我國國情的理想教師圖像，實有其必要性。

蔡培村（1999）在終身學習教師的發展與培育的研究，認為我國當前培育具有終身學習涵養的現代教師的努力方向歸納，在職前的師資培育方面：教師專業能力培養、課程結構的調整、廣泛參與社區活動與服務、開放性與多元化的學習方式、發展自我導向學習能力。李坤崇、曾憲政、張惠博、符碧真、詹政道和江海韻等於95年進行「教育專業課程指引工作圈實施計畫」研究結果發現，「學非所用、用非所學」乃是現今師資培育課程所面臨最大的困境，究其原因乃師資培育課程的偏差，造成師資養成階段所學與教育現場差異甚大。進一步分析上述困境之可能成因如下：1.職前教育與初任教職之落差，尤其是課程規劃大多欠缺實務、輔導與溝通能力之培養，部分課程常有重理論輕實務之現象，導致初任教職時缺少輔導與溝通技能，無法與教育現場結合；2.職前師資教育專業課程科目及學分難以符合實務

工作需求，缺乏科目間的連結與統整，深度與廣度均不足以應付教學現場之所需；3.「教材教法及教學實習的能力」較弱，僅修習4學分之分科/分領域教材教法與教學實習無法正確解讀各學科（領域）課程綱要內涵，並轉化課程綱要內涵應用到教學現場；4.職前教育專業課程科目與內容，未能與所欲任教科目內容相連結（引自楊思偉、楊銀興與柴素靜，2009）。

　　歸納前述，並從優質的教師專業態度的是基於學校教育情境中，對於認知、情感、行動與評價等面向，顯現正面與積極並具一致性與持久性的反應傾向，並透過職前教師的專業態度養成的評析，以達優良品質的確保形成；再從我國目前職前教師專業態度養成課程探討，在師資培育課程課程四大類普通課程、專門課程、教育專業課程與教育實習課程裡，發現程項目也較偏向各級學校或類科所任職教學領域的專業知能學習，對於職前教師專業態度養成的未有較明顯接近的課程；教育實習課程，則可透過實習學校者與原師資培育的大學，負起更大的監督與評鑑者的責任，以利職前教師的專業態度養成。至此，可以整理出針對目前我國職前教師專業態度養成課程的相關可能存在的問題，分述如下：

一、課程有關職前教師專業態度養成的目標不明顯，無法精進

　　我國師資培育目標為「師資培育應著重教學知能及專業精神之培養，並加強民主、法治之涵詠與生活、品德之陶冶。」此即為職前教師的專業態度的內涵與面向，但相較於課程的安排卻未予以單獨列出與重視。

二、職前教師專業態度養成課程時間的不足，並缺乏生涯規劃能力課程的配合

　　職前教師教育課程安排除了師範大學外，大都附屬於一般大學、研究所的課程時間內，教師專業態度養成的時間似乎只是為了未來多一份的職業選擇，與原有就讀的學科系的課程同時修習，如此，是否

也對職前教師專業態度養成的學習時間形成了壓迫。且教師專業態度養成應與生涯規劃能力相配合，讓教師職前教育專業態度養成成為終身學習的一部分與專業基礎。

三、課程內容對職前教師專業態度養成不彰，有落差問題

對於職前教師的課程在專業態度養成不彰，有落差問題。以專門課程與專業課程有法規依循，教育實習課程則以教學現場的實務學習養成，普通課程並未有明確法規依循，缺乏職前教師專業態度的養成標準本位是其一；專門課程與專業課程的範圍彈性化的缺乏，對於職前教師的專業態度養成應單獨課程列入，為其二；相對矛盾的是專門課程與專業課程兩種課程必修課程也是具選擇性，也因無設置職前教師專業態度的課程，缺乏專業的完整性，為其三；最後，國中以上各級學校尚有學科類別之分，但國小目前卻只有英文與輔導專門課程設立，雖有包班制的問題，但未能顧及國小課程面對合科與分科課程的的職前教師專業態度養成的深度與廣度發展。

四、課程安排對於職前教師專業態度養成課程依附於其他課程

我國職前教師教育課程雖有審議制度，但審議委員是在於法規之下所依循，做出審議的結果。專業態度的養成方面的課程是未明顯列出單獨課程，而透過中央政府的激勵補助機制與計畫，似乎企望彌補課程的不足，但對於品質的確保而言，也同樣無法達到全面性，以致課程安排對於職前教師專業態度養成課程依附於其他課程。課程是既定的規範之下設立，本具有其重要性，而計畫性的方案，應透過通盤性的實施成果對於課程的修訂需做出適當的安排與對於職前教師專業態度的適性發展有所聯結。

五、課程理論與實務的結合應以職前教師專業態度的養成品質為首要

實務的發展是依理論的背景支持下，進行實務的演練與進展；而當實務發現了理論的不足，自然反應於經驗的養成，進而形成理論的

需求。因此，目前我國職前教師教育課程的安排對於教師專業態度理論安排對教學實務經驗的前置性的教師專業態度預備經驗似乎無法完全結合；以教育實習課程方面，半年的教育實習之後，對教師專業態度及其相關面向缺乏較長時間與機會深入與討論，無精進教師專業態度的課程安排。

六、課程實施忽略職前教師專業態度的養成之潛在課程

職前教師專業態度的養成，在教育部、師資培育大學與學校現場缺乏縱向與橫向的密切配合的情形下，未能深入教育現場與教育政策之間對職前教師專業態度的聯繫發展的探究。這導致課程透過學生意願的選擇，對於課程的實施，顯得偏向所謂「營養學分」，更容易將原應形成的職前教師專業態度相關程度深淺不一的潛在課程忽略。

伍、結論與建議

態度決定一切的成功，關鍵是將態度給予表現、信任與接受（Harrell, 2004）。同樣的，透過教師專業態度的表現，對正確行為與認知的信任並能接受，教師專業態度決定了學校教育的成功。面對我國教師職前教育的多元化培育與儲備，對於教師專業發展是可以促進師資來源的多元化，以符合目前社會的多變化與競爭的環境，而非過去單一的國家教師「一試定終身」儲備制度。但師資來源的品質是否同樣的提昇，似乎無法有如量化科學之依據能說明；所以，教師職前教育的發展攸關學校教育的品質，尤其是職前教育中的教師專業態度的正向積極發展，不僅掌握了學校教育成功的重要關鍵，更是教師專業發展的原動力，是對於學校教育優質的表現、發展永續的信任與教育愛的真誠接受及付出。

因此，基於本研究的發現，提供對於目前我國職前教師的專業態度養成課程提出分析之整合：

一、教師職前教育的專業態度學習課程需要從深度與廣度觀點培養，以求精進

在新教師專業理念的主張下，教師的合作學習有助於知識的生產及傳遞；因此，在教師職前教育的專業態度養成課程應受到重視外，更需透過教師於職前教育發展過程中，透過課程的深度與廣度觀點培養，習得自我省思以形成教師專業態度的內化與彰顯於外的表現，而非空泛於課程內容的陳述。因此，目前的教師職前教育的發展，缺乏對於相關法規制訂的課程外，給予某種程度上的選擇空間，而非指侷限單一指標，忽略專業與專門課程的寬度與深度學習。

二、教師實習制度轉化為教師試用期，彌補課程時間不足並瞭解教師專業態度的過程

從前述的文獻分析中，提到正式教師證書取得方式，部分國家以二階段取得正式或永久教師證書方式，一來檢核將取得正式或永久教師真實教學表現，二來也可瞭解教師的專業態度；這對於我國目前教師職前教育的教育實習課程的設計，是值得作為取得正式教師前試用期的考量，以利專業態度的評析與養成時間更明顯的的延續與完整。

三、面對多元化的社會挑戰，教師職前專業態度養成課程應具特色以減少落差

媒體與社會輿論的影響下，教師如以其專業態度去面對教師地位所受到的質疑與挑戰，這在於教師職前教育專業態度養成課程便需加以融入。不僅於此，面對少子化、親子疏離與各種可能的教育問題，教師專業態度養成相形之下，需要不同的專業態度養成課程特色，以因應教師面對未來可能的挑戰，有先備的經驗及能力，透過專業態度加以處理與應付。因此，可以從單獨課程或活動的思考，或縱向與橫向課程的聯結，發展具有良好且正向的教師職前的專業態度特色課程設計，以因應未來在職時的可能遇到的問題，而有面對挑戰的積極態度，彌補其與現實落差。

四、教師職前教育教師專業態度養成課程凸顯的科技運用，減少依附性的可能性

　　教師專業發展學習與態度在科技的運用方面，可以透過具有即時、多元與零距離特色的影音及網站的遠距教育，作為教師職前教育專業態度課程延伸運用，以增加課程的多樣性。透過科技的運用，發揮時時學習的有效觀點，透過教師職前教育專業態度養成課程的科技運用的概念與機制，提供教師職前的多元的學習點，避免因依附於其他課程，而造成課堂上的忽略。

五、師資培育機構與實習學校合作，強化職前教師專業態度的養成品質並注重潛在課程

　　為促進師資培育機構與實習學校的合作成功，師資培育與實習學校雙方基於平等與責任對等的概念下，進行溝通、互動與合作的行為，瞭解教師職前專業態度養成課程是在實習課程是動態的，需要雙方共同引導與協助，以利對於教師職前教育專業態度養成形成潛在課程學習成為實務經驗之一與正向作用。具有真實情境的安排與融入的特色而非單純其他課程教科書單向的陳述，需要在教育現場教師專業態度實務養成的挑戰與問題解決能力及專業態度培養。

　　最後，對於我國教師職前教育的教師專業專業態度的養成，提出以下建議：

　　一、兼顧教師專業態度養成及生涯規劃能力的培養，融入與持續於教師專業發展歷程。

　　二、強化輔導教師的功能，進一步培養教師專業態度與彌補養成時間的不足與落差。

　　三、職前與初任教師的輔導銜接，使教師專業態度養成課程延續與檢視品質。

　　四、調整師資培育課程結構，增加專業態度養成的課程與潛在課程的重視。

參考文獻

三民書局大辭典編纂委員會編輯（2000）。**大辭典**。臺北市：三民。

王為國（1995）。**國小教師專業自主：一所國小之個案研究**。國立臺中師範學院初等教育研究所碩士論文，未出版，臺中市。

周祝瑛（2009）。臺灣地區師資培育政策之檢討與展望。**中等教育季刊，60**（3），8-20。

林佩瑩、王振德（1998）。**國小資優教育教師專業能力之分析研究**。特殊教育研究學刊，16，443-462。

吳瓊恩（2005）。**行政學的範圍與方法**。臺北市：五南。

施樹宏（2004）。**國小教師評鑑規準及實施程序之研究－以臺北市為例**。國立臺北師範學院教育政策與管理研究所碩士論文，未出版，臺北市。

徐敏榮（2002）。**國民小學教師評鑑規準之研究**。屏東師範學院國民教育研究所碩士論文，未出版，屏東市。

張春興（1996）。**教育心理學：三化取向的理論與實踐**。臺北市：東華。

張艷華（2002）。**建構中學教師專業評鑑指標之研究**。國立高雄師範大學工業科技教育學系碩士論文，未出版，高雄市。

教育部（2010）。教育部補助辦理卓越師資培育特色議題計畫作業要點。2012年10月1日擷取自http://www.edu.tw/budget.aspx?budget_sn=1189&site_content_sn=99

教育部重編國語辭典編輯委員會編（1981）。**重編國語辭典**。臺北市：商務。

黃淑苓（2005）。教師專業發展的應然與實然。**教育科學期刊，5(2)**，154-168。

楊思偉、楊銀興與柴素靜（2009）。**國民小學教師職前師資教育專業課程與專門課程（英語課程）研究計畫**。2012年10月1日擷取自http://www.ntcu.edu.tw/course/project.htm

楊深坑與黃嘉莉（2011）。各國師資培育制度與教師素養現況之比較分析。載於楊深坑與黃嘉莉主編：**各國師資培育制度與教師素養現況**，353-401。

賈馥茗（1979）。**教育概論**。臺北市：五南。

劉寶貴（2003）。**我國高職教師評鑑實施之研究**。國立臺灣師範大學工業教育研

究所博士論文,未出版,臺北市。

潘慧玲、王麗雲、簡茂發、孫志麟、張素貞、張錫勳與陳順和(2004)。國民中小學教師教學專業能力指標之發展。**教育研究資訊**,12(4),129-168。

蔡俊傑(2003)。提昇教師專業知能因應九年一貫教育改革。**臺灣教育**,623,20-27。

蔡培村(1999)。終身學習教師的發展與培育。**教育資料集刊**,24,101-120。

簡茂發、李虎雄、黃長司、彭森明、吳清山、吳明清、毛連塭、林來發、黃瑞榮、張敏雪(1997)。中小學教師應具備的基本素質,**教育研究資訊**,5(3),1-13。

簡茂發、彭森明、李虎雄、毛連塭、吳清山、吳明清、林來發與黃長司(1998)。**中小學教師基本素質之分析與評量**。教育部委託專案研究計畫。臺北市:國立臺灣師範大學。

Attitude. (2012a). *Grolier Multimedia Encyclopedia*. Retrieved October 12, 2012, from Grolier Online http://dbs.ncue.edu.tw:2434/article?assetid=0019980-0

Attitude. (2012b). *Encyclopedia Americana*. Retrieved October 11, 2012, from Grolier Online http://dbs.ncue.edu.tw:2433/article?id=0025990-00

Barry, N. H. & Lechner J. V.. (1995). Preservice teachers' attitudes about and awareness of multicultural teaching and learning. *Teaching and Teacher Education*, Volume 11, Issue 2, March 1995, Pages 149–161. Retrieved from http://dx.doi.org/10.1016/0742-051X(94)00018-2

Guralnik, D. B. (1984). *Webster's new world dictionary of the american language(ed.)*. New York: Simon & Schuster.

Harrell, K. D. (2004). Attitude is everything for success:say it, believe it, recrive it. US: Hay House.

Hoy, W. K., & Miskel, C. G. (2005). *Educational administration*. New York: Random House.

Onen, A. S. & Ulusoy, F. M. (2012). The effects of pre-service teachers' interpersonal relationship dimensions on their attitudes towards the teaching profession. *Procedia - Social and Behavioral Sciences*, 46, 5529-5533.

S,ükran Tok (2011) Pre-service primary education teachers' changing attitudes towards teaching: a longitudinal study. *European Journal of Teacher Education, Vol. 34, No. 1, February 2011, 81-97.*

Wang, Y. (1999). *A study of how a preservice teacher education program in taiwan influenced the attitudes and teaching behaviors of four elementary preservice teachers.* The University of Iowa. ProQuest Dissertations and Theses, , 161-161 p. Retrieved from http://search.proquest.com/docview/304510036?accountid=10046. (304510036).

附錄一

我國教師職前教育相關法規

（2012年10月1日）

師資培育法

師資培育法施行細則

教師法

教師法施行細則

教育人員任用條例

教育人員任用條例施行細則

大學法

大學法施行細則

大學設立師資培育中心辦法

幼稚園及托兒所在職人員修習幼稚園教師職前師資教育課程辦法

高級中等以下學校及幼稚園教師資格檢定辦法

教育部師資培育審議委員會設置辦法

幼稚園及托兒所在職人員修習幼稚園教師職前師資教育課程辦法

持國外大學以上學歷申請認定修畢普通課程專門課程及教育專業課程標準

中等學校各任教學科領域群科職前師資教育專門課程科目學分對照表實施要點

高級中等以下學校及幼稚園教師資格檢定辦法第五條附表：高級中等以學校及幼稚園教師資格檢定類科及應試科目表

教育部補助辦理卓越師資培育特色議題計畫作業要點教育部補助大學師資生實踐史懷哲精神教育服務計畫作業要點

教育部補助師資培育之大學落實教育實習輔導工作實施要點

大學校院師資培育評鑑作業要點

高級中等以下學校及幼稚園教師資格檢定考試命題作業要點

國民小學教師加註英語專長專門課程科目及學分對照表實施要點

中等學校國民小學幼稚園及特殊教育教師職前師資教育課程教育專業課程科目及學分

中等學校各任教學科（領域、群科）職前師資教育專門課程科目及學分對照表實施要點

師資培育之大學申報中等學校職前師資教育專門課程審核作業手冊

師資培育之大學停招或停辦各類科教育學程審查原則

各大學校院申請設立各類科教育學程審查原則

教育部教育實習績優獎及獎勵要點

師資培育之大學辦理教育實習作業原則

第四章

以Gardner未來心智構造臺灣國小師資培育專業目標研究

何慧群

國立臺中教育大學教育學系副教授

廖素蓮

國立臺中教育大學教育學系博士生

仲宗根良治

國立臺中教育大學教育學系博士生

永井正武

國立臺中教育大學教育測驗統計研究所

摘要

「國家的未來在教育，教育的品質在良師。」1994年施行「師資培育法」，開啓國內師資培育新的一頁，由一元化、計畫性與分發制改爲多元化、儲備性與甄選制。面對國內少子女化現象與全球創意知識經濟發展趨勢，培育優質師資乃大勢所趨。從比較教育觀點，凸顯我國國小師資培育問題：1.40學分教育專業不符國小現場需求，2.師培生素質差異大，3.國小師資培育碩士化定位不明，取而代之，提案以Gardner未來心智作爲國小師資培育專業發展依據。

關鍵詞：師資培育法、比較教育、40學分教育專業、師培生素質、碩士化

Abstract

"Education is the future of a nation. The quality of education relies on well trained teachers." The 1994 Teacher Education Act opened a new page of our teacher training system. On this basis, how to train a good teacher to meet the new trend of less children and global knowledge-based economy becomes an important task.

Based on "comparative educational point of view", the proposal for research is about the Gardner's five minds for the future as professional goals of Taiwan primary teacher education.

Keywords: Teacher Education Act, Comparative education, 40 credential education profession, quality of teacher trainee, master degree

壹、前言

　　教育是國家建設的利基，一如企業、國家發展需永續經營，教育工程是永遠的未竟事業。觀諸國內教育發展，呈現既往前行，卻又躑躅不前弔詭，前者可以親子天下雜誌爲代表，後者可以中小學教育工作者爲代表。

　　在全球化與科技化的時代，厚實實力、競爭力漸次成爲國家、社會與學校不得不正視的課題。對於日本倡導「學習共同體」，以挽救無動力世代；英國推動「創造力學習」，以找回遺失的好奇心，上海實施「思考、提問、表達」，以激發集體成長等教育行動，親子天下雜誌亟於爲臺灣教育尋找新路徑，並於2012年9月26、27日辦理完畢國際教育論壇。

　　綜觀國內中小學教師教育，不論是職前專業培育，抑或是職初導入教育、職後之在職培訓，均有可議之處。前者可回溯自1994年施行「師資培育法」，師資培育制度多軌並行，各軌專業品質等質視之；職初輔導措施形同虛設，後者可以教師專業發展評鑑爲代表，至今成爲影響實施教師評鑑、教師專業評鑑之絆腳石。除此之外，教育部最新相關規劃，

　　師資職前培育部分：

　　2011年5月17日，公布「師資培育白皮書」草案，揭示師資培育圖像：「教育愛的心能、專業的位能、執行力的動能」，核心價值：「師道、責任、精緻、永續」，以及師資培育願景：「培育新時代良師，以發展全球最高品質教育」。對當今變化快速與革新頻繁之際，教育即戰力、實做力效能重要性漸次凌駕教育意向、意念與意識構念之上。

　　職後在職教育部分：

　　教育部自2006年試辦「教師專業發展評鑑」計畫，原預計3年後全面實施，孰料，不知是計畫立意不明、規劃者動機複雜，抑或宣導目標失焦（何慧群、仲宗根良治，2012），致令參與「教師專業發

展評鑑」計畫之學校增長幅度不如預期；另，2010年，教育部責令實施「教師專業發展評鑑」學校成立「教師專業學習社群」，以推動評鑑後之專業成長。「教師評鑑」、「教師專業評鑑」及其評鑑指標規劃與評鑑機制設計等，仍未受到中小學教育工作者正視之。

　　2006年2月23日以臺中（二）字第0950026850號函發布「師資培育素質提升方案」（教育部，2009），方案分別爲：建立標準本位師資培育政策、協助教育大學轉型發展、規範師資培育之大學校評鑑與退場機制、增強教育實習效能、健全教師資格檢定制度、建置師資人力供需資料系統與督導機制、提高高級中等以下學校師資學歷、強化教師專業能力與推動表揚優良教師與淘汰不適任教師機制等。事實上，唯「建立標準本位師資培育政策方案」與師資培育專業發展有直接關聯。

　　2012年10月11日，行政院會通過「教師法修正草案」，將中小學教師評鑑正式入法，並責付中小學教師接受四年一次的評鑑，對評鑑未過者，且無法限期改善，可能面臨解聘或不續聘處分。此議決無疑宣告，國內教育發展進入績效問責階段，增能賦權、專業自主與績效問責是組織永續經營之管理系統。

　　綜合言之，國家的未來在教育，教育的品質在師資。針對臺灣國小師資培育多元化狀況，本文從比較教育觀點分析其同異與問題，據以提案以Gardner未來心智作爲國小師資培育專業發展依據。

貳、基礎理論

一、新教育專業心智

　　國家發展取決於教育，優質教育繫於師資良窳，正視師資培育與提升教師專業素質，是各國教育發展重點。美國於1996年頒布《什麼最重要：爲美國未來而教》（What Matters Most: Teaching for America's Future）報告書，強調若沒有提升教學品質，而只重視課程標準、測驗、績效責任等改革，將難以提升學生的學習成效，據以

凸顯「教師素質」重要性。

(一)專業主義（professionalism）

專業主義是目標取向、任務執行的計畫行為（task-oriented behaviors），包括高層次的專門技術、監督工作管理的自主性與決定裁量權、承諾（commitment）與自由（flexibility）、專業認同（professional identification）與專業共識、專業組織與專業標準，並據以確保集體的聲望（Southon & Braithwaite, 2000）。Finlay（2000）歸納專業者特徵：功利主義、信任性、技術、知識、才能、行為守則、組織、自主性、權力，以及專業文化。

專業主義旨趣不同於科層行政功效，前者利基是專業素質、自主性，以及實務倫理守則與任務本採位問責制（Miller, 2004）；後者著重於建置一具理性、規則與層級結構體系，並據以執行政策（Newman, 1998）。1990年代，新管理主義（New Managerialism）理念化為政策與付諸執行，結果、績效與成果成為判斷效率、效果的依據，思維邏輯漸次由「階層控制」（control by hierarchies）轉化為「契約控制」（control by contract）（Hoggett, 1991），可見影響：就行政而言，由主動指導轉化為被動提供服務；就專業而言，由完成交付的任務到自行計畫、執行與檢視，績效問責（accountability）則是用以規範（regulation）與控制（control）目標—手段—結果的機制。

(二)Gardner五種心智

以Gardner未來的五種心智作為教育專業心智發展藍圖，基於：一則是多元智能的上位概念，二則具整合性與整體性。Gardner於1983年出版《心智解構：發現你的天才》，提出多元智能概念；2007年出版《決勝未來的五種能力》，提出五種心智概念，二者具層級關聯。「在明日世界，搜尋引擎、機器人等電腦設備將無所不在，未來有無限可能，為了符合新世界的要求，現在就該開始培養這些能力。」（陳正芬譯，2007）

　　五種心智發展屬漸成性的，發展脈絡情境：首先，正視環境因素影響性；其次，提供正規與非正規教育功能；復次，在紮實修練心智基礎，進行與學習跨領域思考；再次，克盡倫理心智成長，最後，盡力而爲是唯一可掌握的。

　　修練心智（disciplined mind）意指學術修練（scholarly discipline），發展歷程：首先，確實習得或精通某個知識體系（body of knowledge）的概念、議題（topics）及其方法論（methodology）；其次，深化、試驗、應用與精進之，最後，滿足於知性的陶冶。修練心智是統合心智與創造心智發展的利基。

　　統合心智（synthesizing mind）意指：在理解知識基本成分前提下，跨越單一知識體系之思維邏輯，對不同文本、相關概念予以關聯統整、脈絡化之，據以生成新敘事、譬喻、學術視域與跨領域思考邏輯。統合心智運用方式分雷射型與探照燈型，前者屬深度性探測，後者採廣度性掃瞄。

　　隨著全球化、資訊化進展，知識跨越界線成爲必然，統合知識與用嶄新方式延伸知識的心智成爲關注焦點，M. Gell-Mann斷言，統合心智是二十一世紀最被看好的心智（陳正芬譯，2007）。

　　創造心智（creating mind），綜觀所謂創造/作者，氣質、人格、態度異於常人，並樂與眾不同。一般而言，創造力奠基於智能、技能與專業修練，創造氣質是好奇、冒險、韌性、想像、敏感、「赤子之心」等。另，創造心智發展與專業修練利基有密切關係，「只有透過在專業修練上精進，眞正的創意才會浮現。」

　　尊重心智（respectful mind），綜觀人類政經發展與沿革，不乏強欺弱、仇恨、迫害、歧視與攻訐諸事，是人性，卻非人心，克服之道是同理、不忍人之心，如容忍、寬恕、和解、信賴，最終是肯定、尊重與欣賞。尊重心智的發展，有賴規訓（disciplined）、修心養性。

　　倫理心智（ethical mind），Drucker（1909-2005）期許「企業是社會的公器」，馬友友勾勒個己專業特質：1.盡可能盡善盡美將曲

目表演出：2.與同行培養共同理解與信賴，以利彼此合作：3.傳遞自己的知識、技能、理解與價值觀給後輩，以利眞愛音樂永久流傳（陳正芬譯，2007）。至於教育旨趣與願景，未來教師既是文本化知識傳遞者，並且是內隱知識轉換者；既是學生守護者，並且是正義維護者。Darling-Hammond認爲，好老師是兼顧教育的「均等」與「卓越」。

因文化與時代不同而有差異，普遍性倫理難以構造之，而言行舉止、行爲動機與個人、社會價值觀息息相關。Gardner認爲，「這樣的挑戰令其難以招架。但是，努力似乎是值得的。」

除此之外，新增「人是追求意義的存在—活出意義來」（趙可式、沈錦惠譯，1995）或所謂'Stockdale Paradox'逆境心智（齊若蘭譯，2002），對應之耐挫力、抗壓性是未來變化多端不可少的心理意識。人生十有八九不如意，面對人生困境、職涯逆境，雖謂挫敗是重新出發的基石，「忍耐哲學」很重要，但是，積極與正向心智模式及其滋生求生意願、脫困意志則是破繭而出必要心智。

二、詮釋結構模式（Interpretive Structural Modeling, ISM）

詮釋結構模式（ISM），是J.N. Warfield於1976年提出以數理爲基礎的分析方法，一種將複雜系統中不同類型元素之間的關係，轉變爲一具體與整體性的關聯構造階層圖示（Warfield, 1982）。對生成之關聯構造圖示進行分析，係利用圖解理論（Graphic Theory）中的階層有向圖示性能（Hierarchical Digraph），首先，縱觀/直觀整體及其階層關聯構造，繼而，從系統相關脈絡基礎，或目的取向或功能取向有機性「創生」多模組關聯構造，並據以科學性地把梳與詮釋複雜事態的關係結構。

Warfield計算方式，主要是將複雜的系統以構造的方式加以分類。做法爲在系統中有n個元素構成一個集合S。令$S = (s_1, s_2, ..., s_n)$，定義S的直積（cross product）爲$S \times S = \{(s_i, s_j) \mid s_i, s_j \in S\}$：

其步驟如下：

步驟1：求得其關係的關聯矩陣

若s_i和s_j存在因果關係，則形成有序對$(s_i, s_j) \in R$，其中集合R為$S \times S$的部分集合。此時利用圖形理論將有序對轉化成關聯（因果關係的關係或關聯）矩陣之型式，如下公式所示：

$$A = \begin{bmatrix} a_{11} & \cdots & a_{1n} \\ \vdots & a_{ij} & \vdots \\ a_{n1} & \cdots & a_{nn} \end{bmatrix} = (a_{ij})_{n \times n} \text{ , 其中} \begin{cases} a_{ij} = 1 & if, (s_i, s_j) \in R \\ a_{ij} = 0 & if, (s_i, s_j) \notin R \end{cases}$$

步驟2：求得可達矩陣

對矩陣（$A + I$）進行冪運算（基於布爾代數運算），直至下式成立為止

$$(A + I)^{n-2} \neq (A + I)^{n-1} = (A + I)^n \equiv T$$

其中：I為單位矩陣，重覆的作此一運算，直到矩陣結果不產生變化為止，此時之矩陣稱為可達矩陣。

步驟3：完成ISM圖表之階層

根據上述的可達矩陣T，求出各要素的可達集合$P(S_i)$、先行集合$Q(S_i)$，以及共同集合$P(S_i) \cap Q(S_i)$，即通過對可達性矩陣的分解（有區域分解和級間分解），即可建立系統的多級梯階結構模型。

三、六何法（5W1H）

六何法，源自於新聞記者在傳遞資訊與達到溝通目的方法，由who, when, what, where, why and how要素組成。M. Nagai（1989; 1995）運用以作為蒐集研究資料的技術，一則，藉以就問題進行較具系統性、全面化地彙整最多的資料；再則，在問題耙梳歷程，藉以減少疏忽與降低遺漏。

5W1H，助益文本要素清晰呈現與如實再現文本，一種兼具手段─目標特性之思考術。本提案運用以作為分析文本向度的依據，以及在同一技術基礎上，據以對列比較文本間之差異。

因應績效問責訴求趨勢，新增effect乙項，旨在凸顯目的與手段、預期目標與制度功能之關聯。

四、比較教育

「他山之石，可以攻錯；他山之石，可以攻玉。」比較教育即是針對各國教育進行比較，旨在瞭解專業教育差異生成及其緣由，最終則是落實符應在地脈絡之專業實踐教育。Masemann（1990）指出，比較教育源自於訪問其他國家，並收集科學化的資訊，以瞭解教育制度的運作，繼而達到改善教育的目地。

教育反映民族的思維模式、價值體系與習性。綜觀比較教育發展及其沿革（梁福鎮，2012），約可分為觀摩期、全盤移植期、文化因素分析期、研究方法論期、分殊的意識型態期、多元歧異與整體聚合並存期等，其中文化因素分析期之相關要素分析及其關聯結構，以及取自跨科際的工具學是比較教育研究利基。

參、國小師資培育制度

一、美國、芬蘭

(一)美國

美國中小學教育發展規劃屬地方權限，各州不完全一致，唯因社會、經濟、政治環境變化，趨同現象漸次成形。師資培育可溯源於1839年7月3日，在麻州設立的第一所師範學校，用以培育公立學校師資。二十世紀初，師範學校改為師範學院，是謂teachers college。二戰後，師範學院改制，或併校，或升格為綜合型大學或教育學院。師範學校相當於中學層級程度，旨在培養小學師資；教育學院相當於大學層級程度，旨在培養小學與中學師資。

師資培育分為傳統式與非傳統途徑（alternative route），前者為期4年，著重於學科知識與學科知識教學法學習；後者屬學士後

教育職能發展，著重於教材教法與教學實務經驗累積（Spellings, 2006）。非傳統途徑師資培育是，針對大學主、副修與中小學學科知識有關者，申請爲期1-2年制的教學碩士學程，修畢多以從事中等教育教職工作。一般而言，「就業門檻」由學士學歷提升至碩士層級是可見趨勢。

　　針對美國州、校際師資培育素質差異性控管，專業品管與認證機制，分「認可」（accreditation）、「證照」（licensing）與「檢定」（certification）三階段，相關目標與標準訂定，由國家師資培育認可委員會（National Council for Accreditation of Teacher Education）、州立行政主管認可委員會（Council of Chief State School Office）與國家專業標準董事會（National Board for Professional Teaching Standards）負責之（王瑞壎，2004），藉以作爲師培機構課程設計認可、師培生考證與在職進修專業檢定依據。

(二)芬蘭

　　芬蘭教育，在國際學生成就評比中（PISA）表現優異（李詠絮，2011），教育政策奉行原則是「不放棄任何一個孩子」、「每個孩子皆可學習」，優質的師資培育被視爲是確保高效教育品質重要因素之一（Simola, 2005）。

　　1863年，成立Jyväskylä College，招收高中畢業生，給予2-3年教學實務訓練，課程設計兼顧教育理論與實務（OECD, 2011）。1972-1977年，進行綜合學校改革，取消縱向雙軌（general & vocational education）與廢除橫向分層的基礎教育，取而代之，以九年綜合式的統整和一貫的教育，小教師培（class teacher）主修教育，負責1-6年級學童的教育；中教師培以培育學科知識專家與教學者（Content experts & subject-focused teachers）爲主，負責7-9年級青少年教育。

　　依據1971年修訂師資培育法，中小學師資培育改制，至70年代中葉，小教師培學歷提升至碩士層級；1979年，進行高等教育課程

與學分改革，學科知識體系（scientific content）與教育研究方法學（educational research methodologies）成為課程設計要素，開啟研究取向之師資培育（Jakku-Sihvonen & Niemi, 2006）；唯教育學院與師資培育學院定位不一，前者任務是一般教育研究與教育行政與計畫，後者被賦予師資培育與教學研究（Kansanen, 2007）。

學科知識師資培育（見表1）：

1.為取得碩士學歷者，並具備1主科與1至2科副科學科知識，可直接向教育系申請為期1年之教學實務教育。

2.為準備從事教育工作者，可向教育系申請師資培育學程，學程包含學科知識、教育原理與教學實務學習，課程規劃是為期2年學科知識學習，繼而是教育原理與教學實務學習。

表1　赫爾辛基大學學科師資培育課程架構

學士層級（25 credits）	碩士層級（35 credits）
第一學期（18 credits）	第三學期（17 credits）
發展心理學與學習(4) 特殊教育(4) 教材教法導論(10)	教育基礎理論：社會學、教育史與哲學(5) 教學評鑑與發展(7) 進階教學實務（實習學校或戶外）(5)
第二學期（7 credits）	第四學期（12 credits）
基礎教學實務（實習學校）(7)	專題研究(4) 統整性教學實務（實習學校或戶外）(8)
屬於碩士學程 研究方法論(6)	

資料來源：Sahlberg, P. (2010). The Secret to Finland's Success: Educating Teachers.

芬蘭社會認為，理想師資持續發展利基：

1.重視學科知識、教學、教育理論、做研究專業之扎根教育，專業扎根歷程規劃有學經歷豐富的導師制度；

2.教育工作者專業自主與專業自信展現於：課程設計、工作績效與持續投入中，以及

3.提供充沛的教育資源、進修經費、合理的薪資待遇與支持性的

工作環境（Sahlberg, 2010）。

二、中國大陸

　　1960、1970年代，南北半球有所謂南北經濟勢力不對等，東西意識型態對峙，伴隨全球化、科技化，意識型態旨趣漸次退居經濟利益之後，競賽共處是最大公約數。中國幅員遼闊、人眾族多，國內固無南北、東西政治矛盾，但是，沿海與內地經濟、教育、現代化發展呈天壤之別卻是不爭事實，此差異同時反映於對師資素質不同層級訴求。1993年，中共中央、國務院在「中國教育改革和發展綱要」中提出，「到本世紀末，通過師資補充和在職培訓，小學和初中教師具有專科和本科學歷者的比重逐年提高。」1998年，教育部在《面向二十一世紀教育振興行動計畫》中提出，「2010年前後，具備條件的地區，力爭使小學和初中專任教師分別提升到專科和本科層次。」（朱旭東、胡豔編，2009）

　　「百年大計，教育為本。」1999年，中共中央國務院在「關於深化教育改革全面推進教育素質的決定」，明確指出：「加強和改革師範教育、大力提高師資培養質量。」（中華人民共和國教育部，2010）在「國家中長期教育改革和發展規劃綱要（2010-2020年）」（中華人民共和國教育部，2012），到2020年，基本實現教育現代化，基本形成學習型社會，教師教育受到重視更甚於昔日。

　　國小師資培育模式計有（見表2）：4年制、教育部直屬師範大學免費師範生、4+2[4]年制（見下2.）；中學師資培育模式計有4+2[3]年制（見下3.）、4+1+2年制。

　　1.4年制，內涵職前實習教育與畢業論文撰寫、答辯，分為3+1、2+1+1年制，小學師資培育主要模式。3或2年為普通教育課程，不分專業，1年為分化專業教育（朱旭東、胡豔編，2009）。

　　就地緣之利，中央責付6所教育部直屬師範大學為鄰近地區、邊疆偏鄉地區培育部分中小學師資，屬定向招生、定向培育與定向分配。

表2　美國、芬蘭、中國大陸與臺灣中小學師資培育制度一覽表

國別	臺灣						中國大陸				美國	芬蘭
年限	40+0.5	學士學位+2	2+2+2	4+0.5	4+1	4+2[1]	4	4+2[4]	4+2[3]	4+1+2	4+2[2]	6、5+1
What	理論實務	理論英文實務	理論實務	理論知識實務	理論知識實務	理論知識實務	理論知識實務	理論知識學術實務	理論知識實務		理論知識實務	理論知識學術實務
Who	6-12	6-12	6-12	6-12	6-12	6-12	6-12	12-15	15-18	15-18	12-15	6-15
Where		偏鄉						都市	偏鄉			
When	同時			本科	本科		本科	本科	銜接		銜接	本科
Why	教學	行動研究	師範性	教學	教學	教學	教學	學術研究		高效教學	教學	專業教學
How		PDS	PDS	PDS	PDS					PDS	PDS	PDS
degree	學分	專業碩士	碩士	學士	學士	學分	學士	教育碩士	特崗教師	教學碩士	教學碩士	教育碩士
effect	包班						分科					國教師資

備註：
①4+2，碩士學制，在此為多義，臺灣4+2[1]、美國4+2[2]與中國大陸4+2[3]、4+2[4]屬學士後師資培育，美國與中國大陸屬教育或學科本科取向之銜接模式，頒授碩士學歷學位，臺灣無專業本科對應之限制，2為1年教育專業學習與1年全時實習，頒授學分證明，是謂學士後國小師資班。
4+2[4]，中國大陸業以發展國小教師教育或國小專業研究人資。6，芬蘭師資培育模式，學科本科一貫制發展；5+1，學科培育在先，教育專業銜接在後，二者任教於九年制綜合學校。
②臺灣4+1與4+2模式/所謂具備合格教師證者+2，4代表教育本科，1為實習年，2規劃為增強教學專業、行動研究與陶冶師範性，前者頒授學士學位，後者則為專業碩士學位。
③學士學位+2學程，修業生入學資格之一是具備合格教師證者，頒授專業碩士學位。
④中國大陸、美國、芬蘭師資培育，凡取得碩士學歷者，原則上任教於中學或九年制綜合學校，反觀臺灣國小師資職前培育，在時間上是超過4年，職後取得碩士學路者已逾1/3，2012年8月賣中教大辦理國小教師專業碩士學程，2013年9月辦理2+2+2年制國小師資碩士學歷。就國際小學師資學歷比較而言，臺灣是明顯超前的。

資料來源：研究者自行設計

　　2.4+2[4]年制，為教育部直屬師範大學所規劃之2年制教育專業進階教育，招收對象是初等教育本科畢業生，藉以厚實其在都會區就業競爭力、以碩士學歷可到初中任教，以及成為省市級研究機構之科研人力資源。

　　3.4+2[3]年制、4+1+2年制，為中等教育師資培育模式，前者又謂特崗教師，是針對本科專業可對應中學學科者，提供其為期2年之教學專業教育，補強與發展本科之教學知技能，類似Shulman之PCK概念；送師到邊疆、偏鄉地區之專業發展模式，屬銜接式專業發展。特崗教師，一方面，為解決邊疆偏鄉地區師資不足問題，另一方面，鼓勵大

學畢業生到西部地區任教與服務，第三方面，妥善運用待業之菁英人力資源。除此之外，3+3年制、3+1+2年制是另類中學師資培育模式。

　　4+1+2為上海華東師範大學培育後期中等教育師資模式，4年本科+1年中學教育實踐+2年學術碩士教育（朱旭東、胡豔編，2009），專業發展由華東師大、上海重點中學共同規劃之，確實落實PDS理論與實務，以及培育高效與高質教師（highly qualified）。

三、臺灣

　　為符應開放社會特質與多元訴求，師資培育制度由公辦獨營、計畫性調整為公私立共辦、儲備性。依據「師資培育法」第8條規定：修習師資職前教育課程者，含其本學系之修業期限以四年為原則，並加教育實習課程。第9條規定：得甄選大學二年級以上及碩、博士班在校生修習師資職前教育課程。師資培育之大學，得視實際需要報請中央主管機關核定後，招收大學畢業生，修習師資職前教育課程至少一年，並另加教育實習課程（教育部，2012a）。

　　自1994年後，國小師資培育模式計有（見表2）：4+1年制、4+2[1]（見下2.）年制、4+0.5年制（見下1.）、40學分教育學程+0.5年（見下3.），以及2012年教師專業碩士學位學程與2013年2+2+2年制。

　　1.4+1年制與4+0.5年制，4是4年制大學本科，1與0.5差別是實習時間由1年縮短為0.5年；4年制大學本科涵蓋教育、數理、語文、社會、自然、音樂、體育、美勞本科等，除教育本科外，各系修國小教程者畢業門檻是148學分，其中40學分數用於學習國小教育學程。1或0.5年實習，屬外加式與共同必修。

　　2.4+2[1]年制，4指已取得大學學歷，4+2年制屬學士後的師資培育。依據「師資培育法第6條」與「師資培育之大學辦理學士後師資職前教育課程實施要點三」辦理，前者規定：以充裕師資來源，並提升師資培育之品質；後者規定：所稱學士後師資職前教育課程，以招收大學畢業具有學士以上學位者為限。2是依據「要點六」與「要點十一」辦理，前者規定：中等學校教育學分班之招生對象，對其修畢

之專門科目，應經招生學校認定。後者規定：至少修業一年，並另加教育實習（教育部，2012b）。

　　3.40學分教育學程+0.5年實習，培育國小師資的教育學程。依據「國立臺中教育大學國民小學及幼稚園師資類科教育學程修習辦法第五條」規定：經甄選錄取師培生，修習教育部頒訂及核定之各類科教育學程科目及學分數（國立臺中教大師資培育暨就業輔導中心，2010），學分數共計40；依據「師資培育法」第7條規定：對應之課程設計與發展，分為普通課程、專門課程、教育專業課程及教育實習課程。

　　4.2012年教師專業碩士學位學程（何慧群，2012）與2013年2+2+2年制實驗案，二者均為國立臺中教育大學提案，旨在改革國小師資培育制度與精進國小教師專業素質。前者為後者實驗案之過渡期方案，招生對象具合格教師證者，修業2年與頒授教師專業碩士，課程設計以40學分教程為主，行動研究與實務操作是其重點。2+2+2年制精緻師資培育實驗計畫，旨在培育視教育為志業者，課程設計以40學分教程為規準。

肆、比較與分析

一、5W1H與師資培育制度

　　綜觀美國、芬蘭、中國大陸與臺灣中小學師資培育發展及其沿革，運用5W1H予以分類與歸納（見表2）：培育機構，由傳統分立，到今日分、合與並立多元發展；課程設計，由橫向分立，到今日或橫向分立，或縱向一貫制；畢業學歷，由傳統高中、專科程度，到今日大學本科、研究所層級；教育年限，由傳統3年，到今日至少4年，5-6年是趨勢。

　　教師素質是經營優質教育必要條件，學歷學位是判斷素質指標之一，但是，對於教育人事費占教育財政之絕對比重與漸次遞增，不宜輕忽其後效。就中小學師資培育年限延長與趨同現象而言，除芬蘭與

中國大陸沿海地區如北京、上海、廣州小學師資培育碩士化，其餘多以教育本科師資培育為主。事實上，兼顧效率與效果、數量與質量，有效地使用人力資源、組織行為與財政資源，方是適宜的，「最低限度的投入」與「最大限度的產出」是務實教育的實踐準則。

最後，就各國師資培育制度同異對列，可歸納：1.興革旨在符應時代訴求與配合推進之階段性任務，2.變革凸顯專業愈形重要，專業共識性與可論述性愈顯必要，3.「外行看熱鬧，內行看門道」，比較教育旨趣，非為推進教育專業全球趨同發展，而是在多元專業脈絡激盪下，創生符應在地需求、別具特色之教育改革，以及4.綜觀公共性政策、制度發展，無一不是歷經演化、循序漸進而成，反觀臺灣師資培育制度發展，既不見專業論述，亦未見功能分工，依循「理路」、前車之鑑似乎是無可豁免的。

(一)專業素質

1.美國

2001年，國會通過「沒有兒童落後法」，責付各州績效辦學，並對教師資格提出具體規定，除需具備該州教師證書外，新進小學教師必須通過州的學科知識考試與閱讀、寫作及數學教學能力測驗；新進中學教師必須完整修習某一學科專長課程，具備研究所學位或進階證書，或通過任教科目的測驗；對於資深教師而言，則必須達到與新進教師同樣的標準。在NCLB實施後，教育輸入與產出績效成為教育相關單位關注焦點，「專業發展學校」（Professional Development School, PDS）是控管機制，旨在：(1)在大學與中小學架構合作平臺，(2)提供理論與實務操作場域，(3)教育改善有所本與具科學性。

2.芬蘭

在國家政經發展歷史中，教育、教育科學扮演重要角色，師資培育「學術化」受到國家的確認（Simola, 1993）。今日，大多數大學生透過5年全時學習完成碩士學位（Uni. of Jyväskylä, 2005）；相對而言，僅以擁有大學學歷已不足以勝任綜合學校教育之教職工作（魏

曼伊，2009）。

綜合言之，九年制綜合學校師資專業職識能發展包含：

(1)發展具學術性與脈絡化邏輯思維；

(2)熟悉學科知識及其最新教學研究趨勢；

(3)具備系統性教學設計、實施、檢視與評鑑、研究與再學習週期循環之專業發展與成長；

(4)運用資訊與通訊科技、多媒體於教育活動，以及

(5)責付其自教師教育中挖取（digging out）理論與實務互為印證之教育研究。

3.中國大陸

如經濟發展多樣態，教育發展呈現條塊狀，南與北、東與西、沿海與邊疆、內地差異大。小學師資學歷由東向西、南往北遞減，城鄉師資均優化是中央與地方努力的目標。

就比較教育而言，教育在中國，一方面，專業、準專業素質同時呈現；二方面，相同的制度，因地制宜而呈多樣態與在地性；三方面，問題解決，難以自國外取經，「摸著石頭過河」，成就其國內學術論辯風氣，如華東師大與北京師大之課程範式論辯，最後，教育發達地區是教育未發達地區學習楷模。

4.臺灣

在美國、芬蘭、中國大陸國家中，臺灣國小師資培育模式不可謂不多元化，耙梳彼此關聯性、專業工具性，刻不容緩。

首先，40學分教程為1980年代末解決國小師資供需失衡之權宜之計，填補教育工作者棄教從商而留下的空缺，孰料，供需落差緩和後，其非旦未功成身退，並且就地合法，躋身成為非教育本科者修習教育專業之「正式課程」。

復次，就小學教育屬多科包班而言，40學分課程設計完全無法滿足國小現場需求，祇是，此現象存在已逾20餘年。另，40學分教程學習與他系之本科專業同步進行，即在專業發展上，無層級銜接或

時序先後概念可言。

　　復次，2012年實施之教師專業碩士學位學程與2013年將實施之2+2+2年制實驗均有可議之處，前者無視教育經濟效益與有失就業機會正義，後者冀以展延時間陶冶幾已失傳之師道精神。

　　最後，國小師資培育亟待正視：

　　1.依據「師資培育法」第5條規定：師資培育，由師範校院、設有師資培育相關學系或師資培育中心之大學為之（教育部，2012a），茲因各大學師培生源素質不一，國家教師資格檢定採筆試一途，初任教師素質參差不齊。

　　2.國小採包班教學制，教育本科與40學分教程在課程設計上，有關學科知識（content knowledge）、知識系統思考邏輯與學科知識教學（pedagogical content knowledge）學分規劃與課程設計幾呈「空無課程」（null curricula）狀態。

　　3.由於國小教育就業市場有限，增加誘因以招收高素質師培生即成為中央規劃師資培育政策時需要正視的問題。

(二)師培變項

　　面對業已進入高科技發展的創意知識經濟社會，溝通與表達、合作與學習、人文素養是各專業之基本配備，為教育而言，較大變化是，由重視結果生成之歷程旨趣漸次為績效問責之意識所取代。準此，不同於往昔採傳統脈絡式的邏輯思維，取而代之，以Gardner五種心智與逆境心智作為新教育專業目標，作為全局式思維系統之上位概念，即在此多元目標、專業功能與地方需求基礎上，據以發展相關專業指標，是為表3。

　　除此之外，不得不正視另一變化，即在數位科技與傳播科技助益下，一方面，偏鄉與都會區之有形屏障被克服，其間距離跨越於彈指中；另一方面，網際網路社會資源與課堂文本（disciplinary text）關係，由並列、截長補短，到學習者選擇，此趨勢漸次弭平分科與包班教學定性，繼而帶動課程與教學範式變革。

表3	新教育專業要素一覽表

地區 Effects	偏鄉、都會區
分科、 包班	創造 統合心智 修練	學科知識、主題課程、活動課程、同課異構 教學知技能、差異教學、情境教學、教學效能 教學與科技（instruction & technology） 行動研究、合作與學習、創意與研發
	逆境 倫理心智 尊重	輔導知技能、情緒管理 人文素養、趨勢認知／生態、科技…… 認同與自律 樂教與樂學

資料來源：研究者自行設計

　　由表3，從中列舉下列要素予以說明，藉以凸顯師資培育典範轉移生成之所由生。

1.課程範式

　　傳統課程範式，以系統結構、層級分明方式呈現學科知識體系，此唯一性在數位科技時代產生變化，另類課程範式如主題課程、活動課程、活頁課程、單元課程、數位課程、多媒體課程等。傳統單純的同課異構（何慧群，2012），如今，因藉以呈現文本之媒材多樣性，詮釋旨趣變得多元與歧異，可見未來，(1)共識匯聚將是課堂學習不可少活動之一，(2)教學者學科知識素養必須是既專且精，既廣且博，(3)網路智慧代理人虎視眈眈，冀以與專家相庭抗衡。

2.教學與科技（instruction & technology）

在IT世紀，教學與科技關係：

(1)對於網際網路與現實社會，二者關係是既重疊又分立、既關聯又分殊，生活、學習、娛樂、工作進行於期間，可見變化是：①線性思維邏輯轉型為網絡思維模式，②深度性思維漸次淺碟化，刺激呈現速度、量度、具體性、感官性、多樣性取代意識流、心理感受，③共時性感知覺路徑成為新認知模式。

(2)面對網路高速頻寬、電腦軟硬體改善、「網路智慧代理人

（software agents）」出現等，傳統教育以教師爲中心、強調知識的傳授，採用大課堂的教學方式乏人問津：相對的，課程與教學模式產生變革，主題課程、活動課程對應之教學範式是：①注重問題導向的教學引導，②強調學習者主動性與感知覺經驗，③重視合作學習、同儕互動。

(3)在數位科技時代，知識、教與學關係產生變化，在多元網路智慧代理人支援下，線上學習（on-line learning）與學習速率客製化將成爲另類學習模式。線上教育（on-line educating）、教學範式將由以教學者指導式（teaching）轉換爲教學指示型（instruction）與說明書式解釋型引導，以完成資訊流動與知識建構。

3.樂教與樂學

　　未來，面對專業、分工、創新、變革週期縮短，與其消極求生存、適應與焦慮，毋寧積極厚實新知、能力與熱情：面對知識呈現開放狀態，與其被動等待指示與交付任務，毋寧主動發掘問題、提案與檢證後效。師資培育亟待整合具理性與感性認知職識能，包含基本功、行動與用心（motivated），歷程中漸次生成由認同到承諾。

二、教育專業ISM結構圖與分析

　　學校教育乃實務操作，僅以概念性、抽象式教育施行之，難以習得全局性、關聯式的思維邏輯，感受理論與實務交互作用的經驗，亦即關鍵字下內涵、要素結構、情境脈絡氛圍方是重點所在。因應績效問責趨勢，即戰力、專業實做職能（performance-based profession），漸次取代技術本位能力發展（competence-based technique），準此，今之專業職識能發展，非僅是開發所謂修練心智、統合心智、創造心智、尊重心智、倫理心智、逆境心智等，而是包含外顯行爲與內隱心智，前者展現於課堂教學，後者則是教學者之情意態度與專業認同之感性認知。運用ISM於行列式中（見表4），得出圖一。

表4　新教育專業心智及其對應要素一覽表

	1	2	3	4	5	6	7	8	9	10	11	12	13	14	15	16	17	18	19	20	21	22	23	24	25
1.修練心智	0.00	1.00	1.00	0.00	0.00	0.00	1.00	1.00	1.00	1.00	1.00	0.00	0.00	0.00	1.00	1.00	0.00	0.00	0.00	0.00	0.00	0.00	0.00	0.00	0.00
2.統合心智	0.00	0.00	1.00	0.00	0.00	0.00	1.00	1.00	1.00	1.00	1.00	1.00	0.00	1.00	0.00	0.00	0.00	0.00	1.00	0.00	0.00	0.00	1.00	0.00	0.00
3.創造心智	0.00	0.00	0.00	0.00	0.00	0.00	1.00	1.00	1.00	1.00	1.00	1.00	0.00	0.00	0.00	0.00	0.00	1.00	0.00	0.00	0.00	1.00	0.00	0.00	0.00
4.尊重心智	0.00	0.00	0.00	0.00	1.00	0.00	0.00	0.00	0.00	0.00	0.00	1.00	0.00	0.00	0.00	0.00	0.00	0.00	0.00	1.00	1.00	1.00	0.00	0.00	1.00
5.倫理心智	0.00	0.00	0.00	0.00	0.00	0.00	0.00	0.00	0.00	0.00	0.00	0.00	0.00	0.00	0.00	0.00	0.00	0.00	0.00	0.00	0.00	0.00	0.00	1.00	1.00
6.逆境心智	0.00	0.00	0.00	0.00	0.00	0.00	0.00	0.00	0.00	0.00	0.00	0.00	0.00	0.00	1.00	0.00	0.00	0.00	0.00	0.00	0.00	0.00	0.00	0.00	1.00
7.學科知識	0.00	0.00	0.00	0.00	0.00	0.00	0.00	1.00	1.00	1.00	1.00	0.00	1.00	1.00	0.00	0.00	0.00	0.00	0.00	0.00	0.00	1.00	0.00	0.00	0.00
8.主題課程	0.00	0.00	0.00	0.00	0.00	0.00	0.00	0.00	1.00	1.00	0.00	0.00	1.00	0.00	0.00	1.00	0.00	0.00	0.00	1.00	0.00	0.00	0.00	0.00	0.00
9.活動課程	0.00	0.00	0.00	0.00	0.00	0.00	0.00	0.00	0.00	1.00	0.00	0.00	0.00	0.00	0.00	0.00	0.00	0.00	0.00	1.00	0.00	0.00	0.00	0.00	0.00
10.同課異構	0.00	0.00	0.00	0.00	0.00	0.00	0.00	0.00	0.00	0.00	1.00	0.00	0.00	0.00	0.00	0.00	0.00	0.00	0.00	1.00	0.00	1.00	0.00	0.00	0.00
11.教學知…	0.00	0.00	0.00	0.00	0.00	0.00	0.00	0.00	0.00	0.00	0.00	0.00	0.00	1.00	0.00	1.00	0.00	0.00	0.00	0.00	0.00	0.00	0.00	0.00	0.00
12.差異教學	0.00	0.00	0.00	0.00	0.00	0.00	0.00	0.00	0.00	0.00	0.00	0.00	1.00	0.00	0.00	1.00	0.00	0.00	0.00	1.00	0.00	0.00	0.00	0.00	0.00
13.情境教學	0.00	0.00	0.00	0.00	0.00	0.00	0.00	0.00	0.00	0.00	0.00	0.00	0.00	1.00	0.00	1.00	0.00	0.00	0.00	0.00	0.00	0.00	0.00	0.00	0.00
14.脈絡教學	0.00	0.00	0.00	0.00	0.00	0.00	0.00	0.00	0.00	0.00	0.00	0.00	0.00	0.00	1.00	1.00	0.00	0.00	0.00	0.00	0.00	0.00	0.00	0.00	0.00
15.教學效能	0.00	0.00	0.00	0.00	0.00	0.00	0.00	0.00	0.00	0.00	0.00	0.00	0.00	0.00	0.00	1.00	1.00	0.00	0.00	0.00	0.00	0.00	0.00	0.00	0.00
16.教學與…	0.00	0.00	0.00	0.00	0.00	0.00	0.00	0.00	0.00	0.00	0.00	0.00	0.00	0.00	0.00	0.00	0.00	0.00	0.00	0.00	0.00	0.00	1.00	0.00	0.00
17.行動研究	0.00	0.00	0.00	0.00	0.00	0.00	0.00	0.00	0.00	0.00	0.00	0.00	0.00	0.00	0.00	0.00	0.00	0.00	1.00	0.00	0.00	0.00	0.00	0.00	0.00
18.合作與…	0.00	0.00	0.00	0.00	0.00	0.00	0.00	0.00	0.00	0.00	0.00	0.00	0.00	0.00	0.00	0.00	0.00	0.00	0.00	0.00	1.00	0.00	0.00	1.00	0.00
19.創意與…	0.00	0.00	0.00	0.00	0.00	0.00	0.00	0.00	0.00	0.00	0.00	0.00	0.00	0.00	0.00	0.00	0.00	0.00	0.00	0.00	0.00	0.00	0.00	0.00	1.00
20.輔導知…	0.00	0.00	0.00	0.00	0.00	0.00	0.00	0.00	0.00	0.00	0.00	0.00	0.00	0.00	0.00	0.00	0.00	0.00	0.00	0.00	1.00	0.00	0.00	0.00	0.00
21.情緒管理	0.00	0.00	0.00	0.00	0.00	0.00	0.00	0.00	0.00	0.00	0.00	0.00	0.00	0.00	0.00	0.00	0.00	0.00	0.00	0.00	0.00	0.00	0.00	0.00	1.00
22.人文素養	0.00	0.00	0.00	0.00	0.00	0.00	0.00	0.00	0.00	0.00	0.00	0.00	0.00	0.00	0.00	0.00	0.00	0.00	0.00	0.00	0.00	0.00	0.00	0.00	1.00
23.趨勢認知	0.00	0.00	0.00	0.00	0.00	0.00	0.00	0.00	0.00	0.00	0.00	0.00	0.00	0.00	0.00	0.00	0.00	0.00	0.00	0.00	0.00	0.00	0.00	0.00	1.00
24.認同與…	0.00	0.00	0.00	0.00	0.00	0.00	0.00	0.00	0.00	0.00	0.00	0.00	0.00	0.00	0.00	0.00	0.00	0.00	0.00	0.00	0.00	0.00	0.00	0.00	1.00
25.樂教與…	0.00	0.00	0.00	0.00	0.00	0.00	0.00	0.00	0.00	0.00	0.00	0.00	0.00	0.00	0.00	0.00	0.00	0.00	0.00	0.00	0.00	0.00	0.00	0.00	0.00

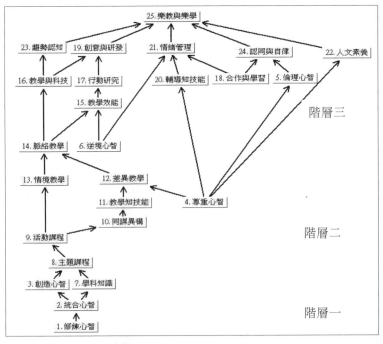

圖1　新教育專業ISM結構圖

　　依據圖1顯示：1.教育專業發展分為理性與感性二部分，前者是完成交付任務，後者支援教學工作圓滿完成與工作持續推進之情意後盾；2.教育專業發展歷經扎根、實務操作到專業實踐能力生成，對應之關聯結構分為階層一、階層二與階層三，階層一，自教學者角度，發展其結構心智與學科知識體系；階層二，自學習者、課堂教學角度，發展教學職技能與教學歷程之尊重心智、逆境心智；層級三，課堂教學可拓關聯發展經營，有賴所謂終身學習、行動研究，前者如趨勢認知，後者如創意與研發，以及情意取向之輔導知技能、專業認同與自律、人文素養、倫理心智發展等。

表5　新教育專業ISM結構路徑一覽表

路徑	修練心智	統合心智	創造心智／學科知識	主題課程	活動課程	同課異構	教學知技能	差異教學	情境教學／脈絡教學	逆境心智／尊重心智	差異教學	脈絡教學	教學效能	行動研究／教學與科技	創意與研發／趨勢認知	倫理心智／輔導知技能／合作與學習	認同與自律／情緒管理／人文素養	樂教與樂學
路徑22										尊重心智						合作與學習	認同與自律	
路徑21										尊重心智						合作與學習	情緒管理	
路徑20										尊重心智							人文素養	
路徑19										尊重心智						倫理心智	認同與自律	
路徑18										尊重心智						輔導知技能	情緒管理	
路徑17										尊重心智	差異教學	脈絡教學	教學效能	行動研究	創意與研發			
路徑16										尊重心智	差異教學	脈絡教學		教學與科技	趨勢認知			
路徑15										尊重心智	差異教學	脈絡教學		教學與科技	趨勢認知			樂教與樂學
路徑14										逆境心智					情緒管理			樂教與樂學
路徑13									脈絡教學				教學效能	行動研究	創意與研發			樂教與樂學
路徑12	修練心智	統合心智	學科知識	主題課程	活動課程	同課異構	教學知技能	差異教學	脈絡教學					行動研究	創意與研發			樂教與樂學
路徑11	修練心智	統合心智	學科知識	主題課程	活動課程	同課異構	教學知技能	差異教學	脈絡教學					教學與科技	趨勢認知			樂教與樂學
路徑10	修練心智	統合心智	學科知識	主題課程	活動課程	同課異構	教學知技能	差異教學	脈絡教學					教學與科技	趨勢認知			樂教與樂學
路徑9	修練心智	統合心智	創造心智	主題課程	活動課程	同課異構	教學知技能		脈絡教學				教學效能	行動研究	創意與研發			樂教與樂學
路徑8	修練心智	統合心智	創造心智	主題課程	活動課程	同課異構	教學知技能		脈絡教學					行動研究	創意與研發			樂教與樂學
路徑7	修練心智	統合心智	創造心智	主題課程	活動課程	同課異構	教學知技能		脈絡教學					教學與科技	趨勢認知			樂教與樂學
路徑6	修練心智	統合心智	學科知識	主題課程	活動課程				情境教學				教學效能	行動研究	創意與研發			樂教與樂學
路徑5	修練心智	統合心智	創造心智	主題課程	活動課程				情境教學				教學效能	行動研究	創意與研發			樂教與樂學
路徑4	修練心智	統合心智	學科知識	主題課程	活動課程				情境教學					行動研究	創意與研發			樂教與樂學
路徑3	修練心智	統合心智	創造心智	主題課程	活動課程				情境教學					行動研究	創意與研發			樂教與樂學
路徑2	修練心智	統合心智	學科知識	主題課程	活動課程				情境教學					教學與科技	趨勢認知			樂教與樂學
路徑1	修練心智	統合心智	創造心智	主題課程	活動課程				情境教學					教學與科技	趨勢認知			樂教與樂學

　　人無遠慮，必有近憂。回溯自中世紀文藝復興，歷經產業革命、掌握知識掌握文明，可喜發展如教育普及、科技文明、物質富裕，自由與民主，可憂變化如世界大戰、經濟大蕭條、歐債危機、生態浩劫、人際疏離等；始料未及，今日處境是：失衡平衡中不見旋轉門、經濟擴張收縮身不由己、技術突破方興未艾，對於M型化社會、失落的一代、第二個失落的十年，正向心理意識重要，滋生逆境心智與情緒管理亦不可或缺。

　　面對科技文明與變革常態趨勢，教育工作挑戰性更甚於昔日，樂教與樂學是教育工作者面向未來職涯的目的與手段，即在自我期許與自我實現中，經驗、試驗教學相長，以及經驗樂教與樂學。

　　由表5顯示：1.教學效能恰似基礎與進階分水嶺，一則回溯於專業素質，二則往前是終身學習的依據，三則增長兼具理性與感性的心智，四則在教學相長中完成交付工作與展現教育公義性心智。2.對照專業理性、專業心智發展層級，逆境心智發展層級較為上階，是為因應來自工作挑戰、個己心性而發展的心智。3.樂教與樂學，非為良好感覺之意，而是強調對工作認同與行動參與。

伍、結論

　　面對新世紀、新教育訴求與社會和諧，教育建設性功能及其重要性更甚於昔日，教師素質對學生學習成效有顯著影響（Heck, 2007），精進師資培育成為當今教育重要課題。就美國、芬蘭、中國大陸與臺灣師資培育制度定位對列，臺灣師資培育制度規劃與課程設計專業性有賴系統化之。

　　就教育旨趣、專業功能性而言，今日問題不再是教師應否接受專業的教育，而是接受何以與如何的專業教育。在網際網路社會裡，資訊、知識、多媒體竄聯於其間，便利性超越傳統紙本、豐富性凌駕課堂文本、更新速度令人目不暇給，長此以往，虛擬實境與真實生活際線漸次隱而不見，網路智慧代理人在可見未來挑戰專家定位、解構文本概念等。

最後，「牽一髮，而動全身」，師資培育制度設計需從長計議，考慮要素如多感官取向思維邏輯、網路淺碟文化與趨勢更迭、教育經濟效益、小學現場需求、偏鄉地區師資不足、課程範式啓動另類教育模式，甚而發展一以貫之國民教育的新範式等。

參考文獻

王瑞壎（2004）。教師專業品質之省思——美國國家師資培育審議認可會及相關組織之介紹。**臺灣教育，625**，48-53。

中華人民共和國教育部（2010）。中共中央國務院關於深化教育改革，全面推進素質教育的決定。2012.10.19.取自
http://www.edu.cn/zong_he_870/20100719/t20100719_497966.shtml

中華人民共和國教育部（2012）。教育部發布《國家教育事業發展第十二個五年規劃》。2012.10.19.取自http://www.edu.cn/zong_he_870/20120723/t20120723_813704.shtml

朱旭東、胡豔（編）（2009）。中國教育改革30年—教師教育卷。北京：北京師範大學。

李詠絮（2011）。芬蘭師資培育制度與教師素質。輯於楊深坑、黃嘉莉（編），**各國師資培育制度與教師素質現況**（141-176）。臺北：教育部。

何慧群（2012）。中國大陸同課異構觀點分析國小教師專業碩士學位學程之研究。大陸教育期刊。（已接受）

何慧群、仲宗根良治（2012）。中小學教師專業發展評鑑，究竟是形成性評鑑，抑或是總結性評鑑？—教師評鑑何以無法上路探究。輯於臺灣教育評論學會編2013年度專書「教師評鑑制度」。（已接受）

陳正芬（譯）（2007）。**決勝未來的五種能力**（原作者：H. Gardner）。臺北：聯經。

教育部（2009）。中小學教師素質提升方案。2012.10.18.取自
http://www.edu.tw/files/site_content/B0036/%E4%B8%AD%E5%B0%

8F%E5%AD%B8%E6%95%99%E5%B8%AB%E7%B4%A0%E8%B3%AA%E
6%8F%90%E5%8D%87%E6%96%B9%E6%A1%880910%E5%87%BD%E9%
A0%92%E7%89%88.pdf

教育部（2012a）。師資培育法。2012.10.19.取自
　　http://edu.law.moe.gov.tw/LawContentDetails.aspx?id=FL008769&KeyWordHL=
　　&StyleType=1

教育部（2012b）。師資培育之大學辦理學士後師資職前教育課程實施要點。
　　2012.10.19.取自
　　http://edu.law.moe.gov.tw/LawContentDetails.aspx?id=FL008781&KeyWordHL=
　　&StyleType=1

國立臺中教大師資培育暨就業輔導中心（2010）。國立臺中教育大學國民小學及
　　幼稚園師資類科教育學程修習辦法。2012.10.19.取自
　　http://web2.ntcu.edu.tw/pas/plan.php?suid=1

梁福鎮（2012）。比較教育學—起源、內涵與問題的探究。臺中：悅翔。

趙可式、沈錦惠（譯）（1995）。活出意義來：從集中營說到存在主義（原作
　　者：V.E. Frankl）。臺北：光啓。

齊若蘭（譯）（2002）。從A到A⁺：向上提升，或向下沈淪？企業從優秀到卓越
　　的奧秘（原作者：J. Collins）。臺北：遠流。

鄭景澤、李明穎（2011）。關於美國師資培育報告書《What Matters Most》的幾
　　點評議。臺灣師資培育電子報，19。2012.10.取自https://tted.cher.ntnu.edu.
　　tw/wp-content/uploads/file/epaper/paper/paper_19_1.pdf

魏曼伊（2009）。芬蘭小學師資培育課程規劃之探究。教育資料集刊，41，
　　223-250。

Abernathy, D. J. (1999). New, Views, and Tools. *Training and Development*, *53*(4),
　　56-57.

Darling-Hammond, L.(2000). Reforming teacher preparation and licensing: Debating
　　the evidence. *Teacher College Record Volume*, 102(1), 28-56.

Gardner, H. (1983). *Frames of mind: The theory of multiple intelligences*. New York:
　　Basic Books.

Gardner, H. (2007). *Five minds for the future*. Harvard Business School Press

Goertz, M.E.(2006). State education policy in the new millennium. In C.E. van Horn (ed.), *The state of the states* (pp. 141-166). Washington, DC: CQ Press.

Heck, R.H.(2007). Examining the relationship between teacher quality as an organizational property of schools and students' achievement and growth rates. *Educational Administration Quarterly*, 43(4), 399-432.

Hoggett, P.(1991). A new management for the public sector? *Policy and Politics*, 19: 243-56.

Jakku-Sihvonen, R. & Niemi, H.(eds.)(2006). *Research based teacher education in Finland: Reflections by Finnish teacher educators*. Research Report 25, Turku: Finnish Educational Research Association.

Kansanen, P.(2007). Research-based Teacher Education. In R. Jakku-Sihvonen & H. Niemi(eds.), *Education as a societal contributor* (pp.131-146). Ffm., Germany: Peter Lang

Masemann, V.L.(1990). Ways of knowing: implication for comparative education. *Comparative Education Review*, *34*(4): 465-473.

Miller, C.(2004). *Producing Welfare: A Modern Agenda*. Basingstoke: Palgrave Macmillan.

Nagai, M.(1989). システム分析手法と設計技法。（株）工學研究社。

Nagai, M.（改訂版）(1995). システム分析手法と設計技法。（株）工學研究社。

Newman, J.(1998). Managerialism and social welfare. In G. Hughes & G..Lewis(eds.), *Unsettling Welfare-the Reconstruction of Social Policy*, pp.333-374, London: the Open University.

OECD(2011). Lessons from PISA for the Unites States: Strong performers and successful reformers in education. Retrieved 2012.10.13. from http://www.oecd-ilibrary.org/education/lessons-from-pisa-for-the-united-states_9789264096660-en

Sahlberg, P.(2010). The Secret to Finland's Success: Educating Teachers. *Stanford Center for Opportunity Policy in Education ~ Research Brief*. Retrieved 2012.10.19. from http://edpolicy.stanford.edu/sites/default/files/publications/secretfinland%E2%80%99s-success-educating-teachers.pdf

Simola, H.(1993). Educational Science, the State and Teachers. Forming the corporate regulation of teacher education in Finland. In T.S. Popkewitz(ed.), Changing patterns of power: Social regulation and teacher education reform in eight countries(pp.161-210). Albany, NY.: State Uni. of New York Press.

Simola, H.(2005). The Finnish miracle of PISA: Historical and sociological remarks on teaching and teacher education. *Comparative Education*, 41(4), 455-470.

Southon, G. & Braithwaite, J.(2000). The end of professionalism? In C. Davies, L. Finaly & A. Bullman(eds). *Changing Practice in Health and Social Care*, pp.301-307, London: SAGE.

Spellings, M.(2006). *Secretary's fifth annual report on teacher quality: A highly qualified teacher in every classroom*. Washington, DC: U.S. Dep. of Education.

Uni. of Jyväskylä (2005). University of Jyväskylä-Finland. Retrieved 2012.10.20. from http://www.lang.soton.ac.uk/profile/casestudies/fullversions/finland.rtf

Warfield, J.N.(1976). *Societal systems planning, policy and complexity*, New York: Wiley.

Warfield, J.N.(1982). *Interpretive structural modeling (ISM Group Planning & Problem Solving Methods in Engineering)*, New York: Wiley.

第五章

我國師資培育大學發展及轉型變革策略之研究

許筱君

國立臺灣師範大學教育學系博士生

摘要

　　本研究主要在探討師資培育大學永續經營發展之策略，透過文獻探討和問卷調查，調查的研究對象為我國師資培育大學教師、教育行政機關人員及中小學校人員，共計發出795份問卷，實得有效樣本492份，問卷處理採用SPSS for Windows統計套裝軟體進行統計分析。藉由上述研究方法以探討我國師資培育大學的現況、困境、轉型可採行的策略、具體作法、步驟以及配套措施，並根據研究發現與結論，提出建議，以供相關機構及人員參考。

關鍵字：師資培育大學、轉型、轉型策略

Abstract

　　The purpose of this study is to explore the strategies of sustainable management and development of Teacher Colleges.The study adopts literature review and questionnaire survey. The total questionnaires of 795 are dispatched, and the effective samples acquired are 492 copies. These data are analyzed by means of SPSS. Through this methods are to probed into the current situation, difficulties, transformation strategies, concrete methods, procedure and of Teacher Colleges, and offer some suggestions to the people who will apply it.Besides, the subjects of this study are the president, the vice-president, and the professors of Teacher Colleges, and educational administration agencies, and elhi people.

Key words: Teacher Colleges, transformation, transformation strategies

壹、前言

　　1994年師資培育開放多元化之後，我國師資培育政策產生了很大的轉變，由封閉走向開放，由儲備制轉變成多元化的招生，主要顯示在1994年2月7日立法院將「師範教育法」修正為「師資培育法」後，師資培育由三所師大、九所師院及政治大學等校分別培育中小學師資，開放為非師範校院的大學校院皆能申請開設教育學程，培育中小學師資，教育部制訂了「師資培育法施行細則」以及「教育學程設立辦法」，使得國內許多公私立大學校院於1995年起紛紛開設「教育學程」，開放10年後，至2005年核定學校數，共計有75個師資培育機構之多，在如此量的迅速擴充下，加上少子女化的影響，中小學教師員額供過於求，形成許多「流浪教師」等問題產生，自此之後，教育部開始管控師資培育數量，並配合師資培育評鑑等方式維持師資培育機構品質，並進行退場機制之建立，再加上整體大環境的影響，許多師資培育機構面臨到招生困難的窘境，紛紛停辦師資培育學程，至2012年師資培育機構之數量已減少為48所（教育部，2012），雖已較2005年時減少許多，但仍為儲備制時之師資培育機構數量高出5倍之多。爰此，在師資培育機構增加迅速之狀況下，傳統師資培育大學該如何面對教師員額供過於求所導致的優勢消失，並發揮師範教育中堅穩定的力量乃是本研究之探討方向。

　　而針對師資培育多元化所帶來的危機及全球化競爭下，國家競爭力與教師教育息息相關，所謂「國家的未來在教育，教育的品質在良師」（楊思偉、陳盛賢，2012），因此教育行政主管當局及學術團體於這10年間紛紛進行了相關作為，如2004年12月中華民國師範教育學會召開93年度會員大會探討「我國師資培育政策何去何從」主題，除從歷史軌跡看83年前後的師資培育政策相異之處外，也同時探討我國師資培育政策所面臨之挑戰、革新策略，及進退場機制等等。此外，教育部在「2001年教育改革之檢討與改進會議」以及，「教育改革行動方案」中也對於「改進師資培育及實習制度」和「健

全師資培育與教師進修制度」多有著墨，認為應協助師範校院規劃轉型與發展，充實其所需之教學設施與改善教學環境，鼓勵學校與鄰近大學合併為綜合性大學，同時加強辦理訪視評鑑，以提升師資培育之發展（教育部，2001）。而後，面臨建國百年的到來，教育部於2010年召開了「第八次全國教育會議」，其中一項中心議題即為「師資培育與專業發展」（教育部，2010），並提出研訂「師資培育白皮書」以及於101年成立「師資培育及藝術教育司」，藉由專責單位之成立與規劃，以擘劃更符合新時代需求的師資培育發展藍圖，培育新時代的良師。

　　綜上所述，本研究主要探討之「師資培育大學」係指傳統師範校院，包含三所師範大學以及九所師範學院為主要研究對象，希冀藉由探討師資培育大學發展現況及困境，提出未來師資培育大學之發展與變革策略，以培育具教育志業之新時代良師，提升國家競爭力。

貳、文獻探討

　　本研究旨在探討我國師資培育大學發展及變革策略，依研究所需，在文獻探討上，首先探究我國師資培育制度之沿革與發展趨勢，其次考量在教育界中，為求學校永續經營與發展，轉型已成為目前學校發展之趨勢，然實際上於探討師資培育大學轉型之相關文獻較為缺乏，因此在資料引用上，研究者乃藉由企業上轉型之策略與高等教育轉型之策略作為輔佐，以探討對於師資培育問題上之可運用之策略，同時在輔以教育組織革新之相關文獻作為研究探討，以提出我國師資培育大學未來發展與變革之策略。

一、我國師資培育制度之沿革與發展趨勢

　　我國師範教育之源起，於光緒23年（1897）盛宣懷在上海創辦南洋公學的師範學院，開啟了師範教育的制度，迄今已過百年，自民國38年中央政府遷臺後，提出了「師資第一，師範為先」為教育工作的中心目標（伍振鷟、黃士嘉，2002），欲藉此來提振國力，

以期反攻大陸，開始對師資培育的高度重視。此外，民國68年制定「師範教育法」確定了師資培育的一元化及公費制度，也確定師範教育宗旨。而到了民國83年之後，為因應多元化時代的來臨，立法院三讀通過了「師資培育法」，開啓了師資培育多元化的新風貌，包含公費自費生並行、實習制度的改變、一般大專校院可設立師資培育中心等。本研究茲針對師範教育法及師資培育法之更迭提出師資培育改革之趨勢如下：

(一)師資培育層級提高，重視教師的學歷與專業程度

師範校院改制為五年制的師範專科學校，後將教師將學歷提升至大學畢業改制為學院，現又將其改制為教育大學，故可知對於教師學歷之要求有提升之趨勢。

(二)師資培育由封閉制轉為開放式

由僅有師範校院可培育師資轉為師範校院和一般公私立大學皆可培育師資。

(三)由公費制走向公自費並存

由法規的更迭得知，現今師資生享有公費之人數以越來越少，轉為自費生佔大多數，採取兩種並存之方式。

(四)注重教師資格標準和教師專業性

由政策與制度之沿革得知朝向要求教師資格專業之趨勢，如重視教師在職進修及雙重檢定制的制訂，到現今的教師資格檢定考試，皆是在於欲提升教師水準，以求培育出更具專業性的教師。

我國師資培育開放後至今，由於社會環境之變遷，面臨重大的變革及一些困境，本研究參酌伍振鷟、黃士嘉，2002；吳武典，2004；吳清山，2003；康自立，2003；陳益興，2005；許維芳，2002；張芳全，2004；楊思偉、陳盛賢，2012；林志成、張淑玲，2010；顏佩如、黃雅玲，2012等之看法，整理出我國師資培育機構

目前之困境如下：

(一)師資培育機構大量設置造成師資品質良莠不齊

師資培育法的通過使得培育中小學各類師資之師資培育機構大量增加，如此迅速的擴充以及公費制度之改變，造成許多優秀合格老師並未能獲得充分的就業，且師資培育機構的大量增設改變了以往的公費制度，加以就業不易使得師資生的入學程度逐漸下降；而在初開放師資培育多元化的時期，因設置之易，多以書面審查為主，而忽略了申辦學校辦學成效之考核，且師資培育課程在當時成為招生之手段，以就業導向吸引學生就讀，如此的觀念對於其培育師資上，則勢必缺少培育教師的使命感和熱忱，將師資培育視為招生手段，恐形成手段與目的之錯置，造成師資素質良莠不齊的現象。

(二)師資培育中心定位不明

目前師資培育機構共分為三大類：1.師範校院和教育大學；2.設有教育學院系所之大學校院；3.設有師資培育中心之大學校院。這三類應屬不同的教育定位，以專門培育師資為主的師範校院和教育大學與僅設有師資培育中心之大學校院，對於師資培育的投入程度勢必大不相同，包括投入之經費、環境空間、師資、圖書等資源應有很大之歧異，然無論在其法規之規定或實際面上卻是屬於同一類的機構，並未區非其角色和功能。

(三)師資數量供需失調

以過去一元制的師資培育制度而言，當時全臺灣只有三所師大、九所師院和政治大學教育系所為合格的師資培育機構，然民國83年師資培育法通過化，多元化的師資培育使得師資生的就業越來越困難，依2008年師資培育統計年報統計之每年核發合格師資證書之人員的就業情形，顯示自86年至今，每年合格教師取得正式教師百分比逐年下降，由民國86年的80.08%，到98年只剩17.53%，而代理代課的百分比也從民國86年的0.9%，到民國98年的21.44%，其供需失

調情形可由下表1所示。

表1　依83年師資培育法培育且核證之師資人員發證年度與在職情況分析表

單位：人

發證年度	小計	職業情況					
		在職				儲備	百分比(％)
		正式	百分比(％)	代理代課	百分比(％)		
86年度	999	800	80.08	9	0.90	190	19.02
87年度	2,631	1,887	71.72	40	1.48	704	26.76
88年度	7,220	5,310	73.55	98	1.23	1,812	25.10
89年度	11,384	9,253	81.28	209	1.81	1,922	16.88
90年度	16,483	13,479	81.78	304	1.77	2,700	16.38
91年度	15,929	11,611	72.89	662	4.06	3,656	22.95
92年度	17,693	10,750	60.76	1,293	7.09	5,650	31.93
93年度	17,362	9,054	52.15	1,464	8.24	6,844	39.42
94年度	18,726	7,043	37.61	2,120	11.06	9,563	51.07
95年度	17,561	6,779	38.60	2,195	12.18	8,587	48.90
96年度	13,319	3,796	28.50	2,153	15.80	7,370	55.33
97年度	9,677	2,823	29.17	1,833	18.45	5,021	51.89
98年度	7,382	1,294	17.53	1,583	21.44	4,505	61.03
總計	156,366	83,879	53.64	13,963	8.93	58,524	37.43

資料來源：教育部（2009：20）。

(四)師資培育實習制度的縮短造成師資生無法充分達成實習效果

　　新制師資培育法規定教育實習由原先的一年改為半年，且實習教師定位為學生，同時不再領取8千元津貼改繳四學分的學分費。此法令之變更乃是對傳統的一大反動，不禁質疑，實習改為半年對於實習教師而言學習效果究竟有多少？而以現況而言，實習教師難以進入教學現場從事實際教學的工作，實習工作的內容多以行政協助或其他教學協助為主，少有實際授課及班級經營經驗，對於教學之訓練稍嫌不足，無法達到確實的實習效果。

(五)教師資格檢定科目及教師甄試未能確實測出教師品質

　　教師資格檢定之科目包含教材教法、教育社會學、教學原理、教育心理學、教育政策與法令幾類科目，而此些科目由於受到教師資格檢定之影響，也紛紛成了一種所謂之「顯學」（張芳全，2004），這樣的考試科目是否眞能測量出一位教師所需具備的知識技能，甚至是教學熱忱呢？再加上教師甄試也多以教育專業科目、國文、英文、數學等科目爲主，在輔以短時間的試教，如此選才制度是否眞能評選出有教育志業之教師，亦或是僅能選出擅長於考試的教師呢？也因爲如此的選才方式造成坊間教師甄試補習機構紛紛林立，也形成了一種考試領導教學的狀況，未納入教師資格檢定及教師甄試之科目乏人問津，學生著重於這些考試中所謂的「顯學」，而忽略了教育志業的目的爲何？教育應是能培養人師、經師，而非只會考試的老師。

二、轉型的意義與影響因素

　　依Webster字典之解釋：「轉型（Transformation）」，係指事物在型態、結構及本質上的變革（a change in the shape, structure, nature of something）（Philip, 1982）。Adams（1984）將「轉型」定義爲：「在思考和行爲上徹底且完全的改變，以創造出一個不可回復，與先前不連續的系統。」Lavy和Merry（1988）認爲「轉型」是企業爲了求生存，在構面上發生重大變化，包括組織使命、目標、結構、以及企業文化等，亦即是「第二次變革」（Second order Change），是多構面的、多層次的、定性的、不連續的、邏輯跳躍式的組織變革（Organization Change）。本文綜合上述國外學者定義，並參酌許維芳（2002）、陳明璋（1994）等人之看法，將師資培育大學轉型之意義界定爲：「師資培育大學轉型係指師資培育大學面臨外在環境的變遷及競爭，學校組織遭遇瓶頸與問題時，重新定義組織的結構與型態，來進行一種大規模的、創新性的變革，以促使學校組織永續經營與發展。」

　　而有關師資培育大學轉型的影響因素，如Steer & Black（1994）

提出影響組織變革的因素包含外部因素及內部因素。外部因素包括經濟與市場導向的改變、科技的發展、法律與政治的改變、資源獲取的改變；而內部因素包括組織成員目標的改變、工作科技的改變、組織目標的改變、組織結構的改變、組織氣氛的改變。Robbins（1992）認為下列六種因素會影響組織變革，如勞動人口性質的改變、科技的發展、經濟衝擊、社會趨勢、全球政治的新生態、競爭性質的改變。

　　另由學校組織變革的角度觀之，吳清山（2003）指出學校變革包括外在原因，如政治改變、政權更迭、經濟改變、科技改變、教育法令改變、教育市場改變及教育資源的有限等，以及內部原因包括學校人員結構、教學方法、教學題材、行政結構、學校氣氛及學校目標的改變。另張明輝（無日期）指出學校組織變革包含內外在因素如下，外部環境因素包括政治、經濟、文化、社會發展趨勢、教育改革、教育法案、學校外在壓力、教育事件及新興理論與技術等，而內部環境因素包括學校內部壓力、學校領導者的領導風格、學校組織文化、學校組織特性及學校組織成員等因素。而謝文全（2004）也指出組織興革的內外部的因素如下，外部環境的因素包括政治、經濟、文化、教育政策、教育思潮、教育法案、國外趨勢、輿論壓力，而內部環境的因素包括成員壓力、領導者的領導風格、組織文化、內部事件。

　　綜上所述，歸納師資培育大學轉型可分外部環境變遷，包含政治因素、經濟因素、文化因素、教育因素以及學校組織的外在壓力，以及內部環境影響，包含學校內部壓力、學校領導者的領導風格、學校組織文化等因素。

三、組織轉型策略

　　本段將借鏡企業轉型的策略、學校組織興革之策略以及現今高等教育轉型策略三方面探討，以歸納出我國師資培育大學轉型之策略。

(一)企業轉型的策略

企業為求適應多樣化變遷的環境，轉型乃是多元化、多重性、全方位的（陳明璋，1994），因此企業轉型的方式會因不同企業所處的競爭環境和威脅有所差異。Adrian（1996）提出七種價值移轉的型態，包含多方向轉型、轉型不轉行、脫胎換骨轉型、多類別轉型等。陳明璋（1994）將企業轉型類別分為以下五種，包含產業別及產業型態轉型、經營型態轉型、產品轉型、市場轉型、經營體質轉型。綜上所述，可將師資培育大學轉型策略歸納為「產業別轉型」、「產品轉型」、或「經營型態轉型」三種轉型策略：

1.產業別轉型

指產業型態的改變，事業轉型的改變，放棄原先經營的行業而從事新行業等。包含如：(1)產業間之轉型，如以產品導向為主的事業改為以服務為主的事業；(2)業態的轉換，如製造、批發、零售業者之間的轉換；(3)多角化轉型經營策略，如除原有產業外，再多加上另一種產業或縮小事業範圍。

2.產品轉型

指對於銷售產品（商品）所做的實質上改變，包含：(1)提升產品品質，如透過全面品質管理、六個標準差等方式；(2)提高產品的附加價值；(3)使產品的價格在競爭市場上更具有競爭力；(4)產品線結構的調整；(5)新產品的推出。

3.經營型態轉型

指內部管理型態的改變、組織定位的調整、策略規劃的重新定位等等。具體措施包含如：(1)購併（合併）：同業間合併、異業間合併、向前或向後整合；(2)技術合作；(3)策略聯盟；(4)衛星企業轉為獨立企業；(5)轉為加盟店、連鎖店。

(二)學校組織轉型策略

Benne& Chin（1985）將組織變革發展的策略分三類：權力—強

迫策略、實證─理性策略及規範─再教育策略。Greiner（1972）提出三種組織變革策略，如單向權力策略、分享權力策略、授權策略。而國內學者謝文全（1998）認為組織變革的方式主要如下，包含人員中心法、工作─技術中心及結構─策略中心法；另於2004年提出組織興革的七種策略，包含論理策略、實證策略、權力策略、教育策略、利誘策略、心理策略及文化策略。綜上所述，將學校組織轉型策略分為權力獲得的程度策略、改變人員的策略以及組織結構三方面，說明如下：

1.權力程度策略

係指上位者及成員間權力擁有、權力參與及權力方式的程度，茲分三種策略，包含強迫式的權力策略、實證理性策略以及權力分享策略、授權策略以及利誘策略。

2.改變人員策略

此策略係以組織人員為主體，重視改變人員之心態，創造良善的組織氛圍，提出三種策略如下，包含人員中心法策略、成員再教育策略以及文化心理策略。

3.組織結構策略

係以明確工作目標及改變組織結構提出二策略，如工作技術中心策略及組織結構改變策略。

(三)高等教育轉型策略

近年來國內高等教育開始進行轉型，教育部推動各項轉型策略，如「協助師範校院轉型發展計畫」、「國立大學校院區域資源整合開發計畫」、「推動研究型大學整合計畫」、「規劃因應高等教育發展專案小組研議報告」、「地區性國立大學整併試辦計畫」等，此些方案可知高等教育轉型策略大多以「合併」和「合作」為主，如校內整合、校際合作、跨校研究中心、策略聯盟、大學系統、學校合併六種策略。爰此，本段將藉由探討高等教育轉型策略之內涵和實施方式，

以作為師資培育大學轉型策略之依據。

　　Grassmuck（1991）提出美國高等教育整併包含純粹購併（pure merger）、合併（consolidation）、資產轉移（transfer of assets）、合作（Collaboration）、聯合資本和教育聯盟（joint ventures and educational affiliations）。Herman（2000）研究澳洲的高等教育整合可分為自願協調合作模式（Voluntary Cooperative Agreement）、正式聯合（Formalized Consortium）、聯邦式合併（Amalgamation with Federal Structure）、統一式合併（Amalgamation with Unitary Structure）。戴曉霞（2002）歸納Goedegeburre、Martin、Lang等專家學者之研究，提出聯盟、附屬、邦聯、合併、兼併五種策略。

　　教育部（2001）亦提出兩計畫方案：「國立大學校院資源整合發展計畫」和「推動研究型大學整合計畫」，奠定了我國高等教育整合的發展基礎，主要實施方式包含校際合作、策略聯盟、學校合併。至於「推動研究型大學整合計畫」大致延續「國立大學院校區域資源整合發展計畫」的精神，但更強調「研究型的大學」，以因應全球化的競爭，分為三種方式，包含設立跨校研究中心、組成大學系統（University System）以及合併。

　　綜上所述，研究者將高等教育轉型策略分為六類如下：

1.聯盟

　　係指組織和會員為分開的獨立法人組織，在資產、負債、董事會等各自擁有獨立權，同時成立聯盟董事會負責聯盟內各項事務。

2.合併

　　係指兩個或兩個以上的組織放棄原本獨立機構的法律地位，重新形成一個新機構。

3.兼併

　　指較大的組織將一個較小的組織吸收進去，承受其資產、負債、人員、責任，小的組織喪失其法律地位，而由大的組織來統籌所有組織運作。

4.邦聯

參與的機構各自獨立，但會有一主大學來負責學術水準、並頒發學位，學生可在參與機構中任意選修課程，此種方式可增加課程的多樣性，豐富教學。

5.附屬

係為一種雙邊協定，包含兩個機構，兩方機構擁有自主性，但僅一方有頒授學位的權力，形成附屬關係的學校和機構各有其專長，在課程方面的提供上通常不會重疊。

6.策略聯盟

係指組織提出具體共同運作計畫，整合數個組織形成跨校性的系統，以互補本身之不足。

參、研究方法

為達本研究之目的，根據文獻探討之結果編制問卷題目進行問卷調查，主要內容包含六個層面共十四個題目，除在師資培育大學遭遇的困境和在轉型時所遭遇的困境兩題外，其餘題目均兼具應然面和實然面兩部分，調查問卷回收後，對於有效問卷以SPSS統計軟體進行資料分析。問卷內容及題號配置如表2所示：

表2　問卷內容及題號配置

問卷內容	題號
我國師資培育大學目前所遭遇的困境	1
我國師資培育大學推動轉型的策略	2、6、7
我國師資培育大學推動轉型的具體方式	3、4、5
我國師資培育大學轉型的步驟	8
我國師資培育大學推動轉型所遭遇的困境及配套措施	9、10、11、12、13
我國師資培育大學轉型策略的其他意見	14

本研究抽樣對象包括師資培育大學人員（以傳統三所師大及九所師院為主）、教育行政人員以及中小學校人員，藉以瞭解相關領域人士對於我國師資培育大學轉型之看法，以期能有效研究出師資培育大學轉型之較佳策略。本研究寄出795份問卷，回收492份，回收率為61.89%，經剔除無效問卷計有效問卷474份，占總發放問卷數之59.62%，問卷回收可使用率為95.56%。問卷回收後，對於有效問卷採用「單因子變異數分析」進行分析，計算各題項的平均分數，以瞭解各選項的填答情形，其中在背景變項部分，主要探討「服務單位」、「學校類別」、「任職學院」等填答意見的差異，若達顯著差異時，則以Scheff'e法進行事後比較。另問卷第14題為開放式題目，採取「次數分配」，計算不同意見的次數，首先記錄全部填答者的意見，並標示被提及的次數，再依本研究的理論架構做出分析歸納。

肆、研究結果與討論

本研究根據文獻探討與問卷調查的結果，分析討論如下：

一、我國師資培育大學的現況乃依師資培育法規定運作，採多元開放制度，以公費為主自費為輔

根據文獻探討得知目前師資培育大學以師資培育法的內涵為主要法令依據，重點如下：師資培育為多元開放的制度、公費自費制度並行、成立師資培育審議委員會釐清師資培育政策、實習制度減為半年並將實習教師定位為學生、師資生需經由教師資格檢定取得教師資格、將教育學程中心改為師資培育中心。

二、目前師資培育大學遭遇的困境仍多，其中以「優勢消失」及「供需失調」兩項困境最為嚴重

經調查研究發現如表3，師資培育大學困境的程度依序為優勢消失、供需失調、學生就讀意願低、資源缺乏、經費補助不足、教檢無法測出教師品質、法令欠缺、師資品質低落、員額編制不足等九項。

表3　「我國師資培育大學目前遭遇的困境程度」統計分析表

統計量數及結果	平均數	標準差	排序
1.優勢消失	3.63	0.520	1
2.供需失調	3.53	0.630	2
3.師資品質低落	3.04	0.730	8
4.法令欠缺	3.08	0.714	7
5.資源缺乏	3.32	0.678	4
6.學生就讀意願低	3.38	0.688	3
7.教檢無法測出教師品質	3.09	0.686	6
8.經費補助不足	3.20	0.732	5
9.員額編制不足	2.98	0.808	9

不同背景的填答者皆認為此九項困境程度，均屬「高」或「很高」，而其中「優勢消失」及「供需失調」被認為最為嚴重。其中供需失調所造成的師範校院困境，乃是由於多元儲備所導致的必然結果，實乃政策給予之困境，並非師資培育大學本身所引起的困境。

三、在師資培育大學轉型策略中，以產品轉型策略為主，產業別轉型策略、經營型態轉型策略為輔

師資培育大學轉型策略多元，有產品轉型、產業別轉型以及經營型態轉型等三種策略，根據調查結果，如表4顯示師資培育大學宜優先加強產品轉型策略的運用，再輔以產業別轉型及經營型態轉型兩策略的強化。

表4　「推動轉型宜採取的策略與實際採取的策略」之統計分析表

統計量數結果 選項		宜採取			實際採取			兩者之差	
		平均數	標準差	排序	平均數	標準差	排序	平均數	排序
1	產業別轉型	3.05	0.827	2	2.73	0.719	2	0.32	3
2	產品轉型	3.43	0.607	1	2.79	0.720	1	0.64	1
3	經營型態轉型	3.04	0.761	3	2.57	0.764	3	0.47	2

四、促使成員配合師資培育大學轉型上，應採取實證理性策略，兼用利誘策略並避免採取權力策略

如表5所示，師資培育大學在促使成員配合轉型的策略多元依調查可行程度排序為實證理性策略、利誘策略、權力策略；而實際上採用僅有權力策略為目前所採用的方式，因此宜多加強實證理性策略，並採取權力策略為主。

表5　「促使成員配合轉型宜採取的策略與實際採取的策略」之統計分析表

統計量數結果 選項		宜採取			實際採取			兩者之差	
		平均數	標準差	排序	平均數	標準差	排序	平均數	排序
1	權力策略	2.67	1.986	3	2.54	0.738	1	0.13	3
2	實證理性策略	3.01	0.666	1	2.46	0.694	2	0.55	1
3	利誘策略	2.73	0.790	2	2.40	0.685	3	0.33	2

五、在轉型時權力運用上，應加強上下合作的運用，避免由上而下的強制權力

如表6所示，師資培育大學在轉型時行的權力運用為上下合作策略、由下而上策略，由上而下策略；而實際上採用的程度，依序為由上而下策略、上下合作策略、由下而上策略。這三項策略在實際採取上和宜採取的程度上，呈現相反的結果，顯示目前在實際運用權力策略上仍有需改善的空間，應加強上下合作的運用，避免由上而下的策略。

表6　「轉型時權力運用上宜採取的策略與實際採取的策略」之統計分析表

統計量數結果 選項		宜採取			實際採取			兩者之差	
		平均數	標準差	排序	平均數	標準差	排序	平均數	排序
1	由上而下	2.43	0.815	3	2.63	0.789	1	0.20	3
2	由下而上	2.56	0.811	2	2.22	0.670	3	0.34	2
3	上下合作	3.22	0.710	1	2.46	0.758	2	0.76	1

六、師資培育大學在產業別轉型上的具體方式很多，然宜採取的程度
雖屬同意但仍偏低。而其中應以優質的師資培育大學為最優先加
強的策略

如表7所示，在產業別轉型上可行的具體方式很多，依序為優質
的師範校院、獨立轉型為綜合大學、合併為綜合大學、師大和教大合
併、教師進修院校、師範大學聯合系統、合併為教育學院；而實際推
動上僅有獨立轉型為綜合大學、合併為綜合大學兩項方式。這七項策
略在宜採取的程度皆高於實際做到的程度，顯示未來以多落實執行，
而比較結果得出應最優先加強優質的師範校院此項策略。

表7　「產業別轉型宜採取的具體方式與實際採取的具體方式」之統計
　　　分析表

統計量數結果 選項		宜採取			實際採取			兩者之差	
		平均數	標準差	排序	平均數	標準差	排序	平均數	排序
1	獨立轉型綜合大學	2.88	0.791	2	2.66	0.714	1	0.22	7
2	合併為綜合大學	2.86	0.807	3	2.53	0.739	2	0.33	5
3	師範大學聯合系統	2.66	0.883	6	2.26	0.756	7	0.40	3
4	教師進修院校	2.69	0.804	5	2.39	1.144	3	0.30	6
5	合併為教育學院	2.66	0.829	6	2.28	0.732	5	0.38	4
6	師大和教大合併	2.86	0.864	3	2.28	0.766	5	0.58	2
7	優質的師範校院	3.05	0.816	1	2.39	0.805	3	0.66	1

七、師資培育大學在經營型態上轉型建議以策略聯盟為主要的轉型
方式

如表8所示，經營型態轉型的具體方式依可行程度排序為策略聯
盟、合併、聯盟；然實際上皆少採用，顯示未來可再加強此三項具體
方式之經營，且根據研究結果顯示師資培育大學宜優先加強策略聯盟
之推動。

表8　「經營型態轉型宜採取與實際採取的具體方式」之統計分析表

統計量數結果		宜採取			實際採取			兩者之差	
選項		平均數	標準差	排序	平均數	標準差	排序	平均數	排序
1	聯盟	2.62	0.799	2	2.16	0.680	3	0.46	2
2	合併	2.62	0.807	2	2.38	0.704	2	0.24	3
3	策略聯盟	2.96	0.715	1	2.45	0.717	1	0.51	1

八、師資培育大學在產品轉型策略宜再充分落實

　　如表9所示，產品轉型的具體方式多元，可行程度依序為經營理念再造、工作中心、人員中心、組織結構改變、情境中心。此五項策略在宜採取的程度皆高於實際做到的程度，顯示未來可多強化這五項策略的運用；而實際做到的程度又以工作中心和經營理念再造兩項最差，顯示在進行產品轉型時應再加強此兩項方式的掌握度，以確實落實產品轉型。

表9　「產品轉型宜採取與實際採取的具體方式」之統計分析表

統計量數結果		宜採取			實際採取			兩者之差	
選項		平均數	標準差	排序	平均數	標準差	排序	平均數	排序
1	人員中心	3.26	0.572	2	2.66	1.113	1	0.60	5
2	組織結構改變	3.25	0.580	4	2.62	0.708	3	0.63	4
3	工作中心	3.26	0.558	2	2.60	0.666	4	0.66	1
4	情境中心	3.21	0.577	5	2.57	0.673	5	0.64	3
5	經營理念再造	3.30	0.575	1	2.64	0.697	2	0.66	1

九、規劃師資培育配套措施以改善師資培育大學之困境以期有效轉型發展

　　根據文獻探討結果，我國師資培育大學在推動轉型時所遭遇的困境很多，如未來不確定性、政策法令限制、資源和支援不足、傳統包袱阻礙、學校人員反彈、無專責單位、裁員陰影。經本調查研究發現

如表10所示，上述七項皆為目前嚴重的困境，顯示在師師資培育大學進行轉型時需積極處理相關困境，以減少推動時之阻力。在這些困境上，配合師資培育制度目前的現況發展，可於法令上、資源補助上、師資培育評鑑上和教師資格檢定等方面進行相關配套措施的運用，藉此可改善師資培育大學的困境，減少推動轉型時的阻力，以期有效的推動各項轉型策略。

表10 「我國師資培育大學轉型遭遇的困境程度」統計分析表

選項　統計量數及結果	平均數	標準差	排序
1　政策法令限制	3.24	0.677	2
2　資源和支援不足	3.24	0.674	2
3　學校人員反彈	3.07	0.729	5
4　未來不確定性	3.30	0.665	1
5　傳統包袱阻礙	3.23	0.665	4
6　裁員陰影	2.94	0.760	7
7　無專責單位	3.05	0.692	6

十、加強並落實教育行政機關與師資培育大學之溝通機制

經本調查研究分析發現，師資培育大學人員和教育行政機關人員在推動轉型的許多策略及看法上，無論是實然面或應然面都達顯著差異，包括如有以下幾點：

(一)我國師資培育大學遭遇困境的程度之經費補助不足、員額編制不足。

(二)推動轉型的策略之產業別轉型和經營型態轉型方面。

(三)採取產業別轉型的具體方式之師範大學聯合系統、教師進修院校、合併為教育學院、師大和教大合併方面。

(四)師資培育大學推動轉型法令上配套措施之經費分配方面。

(五)師資培育大學推動轉型資源上配套措施之經費支持、員額編製和自募經費方面。

　　因此，教育行政機關和師資培育大學如何增加彼此溝通互動的機會來更有效的促進轉型，教育行政機關應暢通溝通的管道，避免政策面和實務面的衝突乃是在進行師資培育大學轉型時首需先加以改善的。

伍、結論與建議

　　準此觀之，師資培育大學轉型與變革已是勢在必行之發展方向，以何種方式轉型端視各校發展狀況而有不同之作法，然根據本研究之結果可知在轉型過程中，教育行政機關和師範校院在填答意見上的觀點差異較多，無論是在實然面或是應然面的討論上，包括如師資培育大學的困境方面、推動轉型策略和具體方式及配套措施等等皆存有顯著差異，因此，為了避免因兩者認知上之差異造成師範校院推動轉型時的阻礙，建議雙方應儘速設置專責單位及專責人員；暢通溝通管道，建立良好工作平臺，以及定期舉辦師範校院與教育行政機關的座談會，可廣邀專家學者或對轉型有專長的企業人士共同與會，以對話討論的方式瞭解雙方認知上之差異，並聽取專家學者的建言，以期釐清差異之處，並提出解決之道，達成共識。如此方能有效地達成師範校院轉型之目標，建立永續發展之願景。

　　而根據研究結果，對於師資培育大學在未來發展與變革策略上，提出下列幾點建議，說明如下：

一、加強產品轉型策略之運用

　　在產品轉型策略上，包含人員的改變、組織型態的改變、行政事務的改變、組織運作的改變等面向，如：1.「進行人員中心法」，以學校成員為中心進行改變，增加個人和組織對於問題認知、問題解決、溝通、工作關係等方面的能力，提升人員素質和能力、並提升學生的學習效果和競爭力。2.「進行組織結構的改變」，改變學校組織結構的分工和職權分配，將組織中的人事結構重新定位來符合組織工作的目標，或透過並且促使轉型的順利推動。3.「進行工作中心

法」，強調學校組織中的課程與教學、充實豐富一些外在的設備並將規範訂定完善，以達成學校轉型。4.「進行經營理念再造」，改變學校成員傳統保守的心態，引進新的學校組織轉型的概念，運用各項轉型技術來重新塑造學校成員對經營學校的理念。

二、有效落實師資培育大學組織再造轉型的各項步驟

具體作法包含如：1.「設置轉型與變革的專責人員」，以專責人員來統籌有關轉型的工作，對於診斷、計畫、執行、評鑑、改善五項步驟能確實落實分工，亦可進行產學合作，聘請業界專家協助規劃轉型的相關問題。2.「編列及爭取充足預算」，有充足的預算經費才能進行變革，除積極爭取競爭型計畫之補助外，也可自募經費，審慎規劃短程、中程及長程發展計畫以編列經費與管理，使師資培育大學在發展與變革上能更為順利。3.「建立完善的評鑑與輔導改善的機制」，學校善用自我評鑑機制，且可融入Guba跟Lincoln(1989)第四代評鑑之意涵，以建構主義的觀點，強調所有相關利害關係人（stakeholder）的涉入，這些利害關係人在各自的方案利益中相互對待，在資訊的交流中達成共識。換言之，此時的評鑑乃是由評鑑者、被評鑑者與其他評鑑相關人員的價值觀為基礎，並透過彼此之間的交互作用所形成的評鑑。以共同參與之觀點，適時調整偏差，此外也對於有疑慮之處加以改善，以確保變革與發展的成效。

三、主動與教育行政機關、各級學校及社區間建立良好的互動關係，促使資源之相互交流與分享，以利轉型的推動

具體的作法包括：1.「善用公關技巧」，透過媒體傳播方式，使社會大眾瞭解學校特色與未來發展趨勢，並瞭解優質師資培育大學之價值性，以吸引社會大眾對師資培育之重視與認同，藉以尋求社區經費和資源的支持與交流，並可建立良好的建教合作關係，以擴充學校的設備、經費以及擴充學生未來的進路。2.「建立策略聯盟機制，落實教育大學系統及師資培用聯盟之功能」，以策略聯盟方式擴充學校

的資源，具體作法如可與鄰近大學進行如圖書交流、共修課程等，或與其他各級學校可建立實務教學的輔導機制，使準教師有更多實務經驗的瞭解，能更快進入教學的軌道。此外，強化並落實教育大學系統的功能，發揮教育大學之影響力，並配合師資培用聯盟的政策，使得師資生能更符合教育實務現場之需求，以培育出優質適量的未來良師。3.「暢通與教育行政機關的溝通管道，建立良善的對話機制」。

參考文獻

伍振鷟、黃士嘉（2002）。臺灣地區師範教育政策之發展（1945-2001）。載於中華民國師範教育學會（主編），**師資培育的政策與檢討**（頁1-28）。臺北市：學富文化。

吳武典（2004）。師資培育與教育改革。載於中國教育學會、中華民國師範教育學會（合編），**教師專業成長與問題、研究：理念、問題與革新**（頁3-24）。臺北市：學富文化。

吳清山（2003）。師資培育法-過去、現在與未來。**教育研究月刊，105，**27-43。http://140.122.127.251/ttscgi/ttswebs?@@168974

林志成、張淑玲（2010）。師資培育的回顧省思與前瞻展望。載於中華民國師範教育學會（主編），**師資培育的危機與轉機**（頁1-24）。臺北：五南。

康自立（2003）。師範教育何去何從？**教育研究月刊，105，**5-7。

張明輝（無日期）。教育組織變革。2005年11月3日，取自：http://web.ed.ntnu.edu.tw/%7Eminfei/artical/educationorganizationchange.pdf

張芳全（2004）。新制師資培育政策分析。載於中國教育學會、中華民國師範教育學會（合編），**教師專業成長與問題研究：理念、問題與革新**（頁215-249）。臺北市：學富文化。

教育部（2001）。**國立大學校院區域整合發展計畫**。臺北市：教育部。

教育部（2009）。**中華民國師資培育統計年報**。臺北：教育部。

教育部（2010）。**第八次全國教育會議實施計畫**。2012年10月14日取自http://

www.edu.tw/files/site_content/EDU01/990802第八次全國教育會議實施計畫.pdf

教育部（2012）。**101學年度師資培育之大學一覽表**。2012年10月14日取自http://www.edu.tw/files/bulletin/B0036/101學年度師資培育之大學一覽表%20(1).pdf

許維芳（2002）。**臺灣師範大學轉型定位與策略之研究**。國立臺灣師範大學教育研究所碩士論文，未出版，臺北市。

陳明璋（主編）（1994）。**臺灣中小企業發展論文集**。臺北縣，聯經。

陳益興（2005）。人口結構變遷之師資培育政策。載於教育部舉辦之「**94年度師資培育之大學主管聯席會議**」會議手冊。（頁10-23），臺北市。

楊思偉、陳盛賢（2012）。我國師資培育制度之變革與未來動向。載於中華民國師範教育學會（主編），**我國師資培育百年回顧與展望**（頁1-20）。臺北：五南。

戴曉霞（2002）。高等教育整併之國際比較。載於淡江大學教育學院教育政策與領導研究所、淡江大學教育學院高等教育研究中心舉辦之「**大學整併理念與策略**」研討會論文集。（頁21-49），臺北市。

謝文全（1998）。**教育行政—理論與實務**。臺北市：文景。

謝文全（2004）。**教育行政學**。臺北市：高等教育。

顏佩如、黃雅鈴（2012）。從中國大陸師資培育最新趨勢省思臺灣師資培育問題。載於中華民國師範教育學會（主編），**我國師資培育百年回顧與展望**（頁89-110）。臺北：五南。

Adams, J. D. (1984). *Transforming work : A collection of organizational transformation readings*. Alexandria, VA：Miles River Press.

Adrian J. S. (1996). *Value migration : How to think several moves ahead of the competition*. Boston, MA : Harvard Business School Press.

Benne, K.D. & Chin,R(1985). *The planning of change(4ᵗʰ ed)*. New York : Holt, Rinehart, and Winston.CA: Sage.

Grassmuck, K. (1991). More small colleges merge with large ones, but some find the process can be painful. *Chronicle of HighEducation, 38*(4) ,37-39.

Greiner, L. E. (1972). Evolution and revolution as organizations grow. *Harvard Business*

Review 7 (8),37-46.

Lavy A. & Merry U. (1988). *Organizational transformation: Revitalizing organization for a competitive world* : New York : Praeger.

Philip,B.G. (1982). *Webster's third new international dictionaries*. Taipei: MEI YA.

Robbins, S. P. (1992). *Essentials of organizational behavior*. Upper Saddle River, NJ: Prentice Hall.

Steers, R. M., & Black, J. S. (1994). *Organizational behavior*. New York: Harper Collins College.

第六章

芬蘭師資培育現況和動向

沈翠蓮

國立虎尾科技大學通識教育中心教授

摘要

　　本研究目的旨在探析芬蘭師資培育現況與動向，主要採取文獻探析和訪談法，研究結果如下：1.芬蘭教育成就的關鍵因素：包括社會盛行追求知識風氣，學校教育創造國際學生評量方案PISA學習成就，以及教育經費有效能投資各級教育等爲其關鍵因素。2.師資培育制度設計：芬蘭目前有8所一般大學設有師資培育單位，中小學和幼教師資培育制度規劃，有別於職業訓練與教育師資培育規劃。3.師資培育現況：(1)芬蘭推動師資培育方案建置當前師資培育制度。(2)師資培育入學可以挑選高素質學生。(3)師資培育授課教師重視倫理輩分。(4)師資培育課程爲5年二階段300學分。4.芬蘭師資培育動向：(1)教育奇蹟意味著對教育的堅持任務。(2)有素質的教育工作者應有持續性專業發展。(3)持續再思考芬蘭式的師資培育之定位。5.反思芬蘭師資培育現象與啓示：(1)培育單位發展：規劃大系或學院式整體行政運作。(2)入學考試制度：學生入學考試可研議全國性獨招作業。(3)教育專業發展：規劃發展教師工作者專業組織。

關鍵字：芬蘭教育、師資培育、國際學生評量計畫、專業發展

Abstract

　　The aim of this study is to explore the contemporary practice and trend of Finnish teacher education. The research methods include literature review and interviews. The results of this study are as followings: 1. The key elements of successful Finnish education include (1) the trend of knowledge-seeking in the society. (2) The the Programme for International Student Assessment(PISA) learning achievements created by the school education (3) the educational expenses invested effectively into each level of schools. 2. It has eight universities to culture students as school teachers in Finland. In the design system of teacher education, there are some differences between programs for general teacher education and vocational teacher education. 3. The contemporary teacher education includes: (1) The teacher education system was established on the basis of the National-Level Coordination Project of Degree Programme Development in Teacher Training and the Sciences of Education (in Finnish was named VOKKE project). (2) The advanced level candidates would be selected by the screening committee in the teacher education system. (3) The faculties in the teacher training system are valued based on the morality and contribution. (4) The teacher training program are conducted via bachelor and master degree based for 5 academic years with 300 the European Credit Transfer and Accumulation System (ECTS) to fulfill the graduation requirements in curriculum design of teacher education. 4. The trends of Finnish teacher education include: (1) Miracle of education means the persistent work for education. (2) The educators with quality should keep professional development consistently. (3) To rethink the position for Finnish teacher education continually. 5. Reflection on the phenomenon and inspiration of Finnish teacher education: (1) The whole consideration about faculty and administrative unit is employed in teacher education development. (2) The screening admission system for candidates of teacher training program can be conducted nationally. (3) The professional organizations for educators are suggested to be established to assist teacher professional development.

Keywords: Finnish education, teacher education, Programme for International Student Assessment (PISA), professional development

緒論

　　芬蘭在2012年4月發表的世界快樂國家指數排名第二名（Helliwell, Layard and Sachs, 2012），僅次於丹麥，芬蘭是個高快樂指數的國家。芬蘭在2011年全國人口統計有5,401,267人，男性有2,652,534人，女性有2,748,733人，從1991年到現在僅增加25,991人（Statistics Finland, 2012a），人口約僅有臺灣四分之一，但國土有臺灣五倍大。世界經濟論壇（World Economic Forum）針對全球142個國家發表的2011-2012年全球競爭力表現，芬蘭從2010-2011年的第7名躍升到2011-2012年的第4名（World Economic Forum, 2012）。整體而言，芬蘭是一個人口數比臺灣少，但是快樂指數和全球競爭力都優於臺灣的國家。

　　綜觀芬蘭教育表現和社會文化關聯性，芬蘭社會對於教育是完全的支持與尊重，因為芬蘭子民深信社會福利是植基於知識基礎之上，為了讓每個人能確保和改進知識基礎和能力建構，所以每個人都要接受均等可行的有素質教育。科學雜誌《Science》編輯John E. Burris特別在2012年1月出版的期刊當中指出，芬蘭教育的成功因素，是芬蘭懂得成功的教育體制最重要的是教師，能夠招募到最優秀和最聰明的教師來源，透過師資培育課程把他們培養很好，把他們從中央威權體制獨立出來，並讓教師有時間準備課程，教師自然成為芬蘭社會的核心角色，芬蘭人民更透過實際的尊重來認同教師的重要性（Burris, 2012）。芬蘭社會尊師重道的文化，賦予教師以專業和榮譽從事教育工作，創造全球矚目的教育成就。近年來，整個芬蘭教育受到世界經濟論壇的高度評價而聞名於全球，特別是他們十五歲的學生參加國際學生評量計畫（Programme for International Student Assessment，以下簡稱PISA）的傑出表現（OECD, 2006, 2009, 2010），引發了全球矚目的觀摩學習，芬蘭人歸因此一教育成就為有目的性的教育政策和超高標準的教師所致（Niemi, 2012）。

　　Mikkola（2012）研究指出師資素質是建構在四個息息相關的不

同概念：知識內容（content knowledge）、專精於教與學（expertise in learning and teaching）、社會和道德能力（social and moral competences），以及融於學校實務當中的許多方面技能（the many-sided skills involved in practical school work），芬蘭最具影響和挑戰的是建構有素質師資的培育基礎，和在職師資培育的連續體。師資培育連續體的建構是植基於下列四點（Jakku-Sihvonen & Niemi, 2006）：1.常態、持續和長期性的政策：師資培育和高中的政策都有40年歷史的穩定運作模式。2.教育機會均等：國中小學教育是義務教育免學費（包括書籍、點心和健康照護等），學校不可以選擇學生，學生依照學區入學，特殊教育有良好組織和諮詢。3.下放教育決定權到地方：校長是教育理念和領導風格的領導者，地方教育當局和教師可以共同準備地方課程和資源分配，教育決定權是以學校為基礎的教育模式，學校宜進行鼓勵性評量。4.信任性的文化和共同合作：根據芬蘭國家教育局（Finnish National Board of Education）在2004年制定的國家基礎教育核心課程（National Core Curriculum for Basic Education），明定國家、學區、學校和家庭（national-district-school-families）的角色權利義務，整個國家的學校教育系統不可能設置督學、私人家教和補習班等，避免干擾到教育的實踐。

　　本研究目的旨在探析芬蘭師資培育現況與動向，首先，探析芬蘭教育成就的關鍵因素，做為師資培育現況之探討基礎；其次，探討芬蘭師資培育制度規劃，了解芬蘭學校教育制度、中小學和幼教師資培育規劃，以及職業訓練與教育師資培育規劃，了解師資培育需求脈絡；第三，闡述芬蘭師資培育現況與動向，探析其師資培育制度運作實況；最後，提出反思臺灣師資培育之觀點，作為培育臺灣良師之參考建議。

壹、芬蘭教育成就的關鍵因素

一、社會盛行追求知識風氣

　　普遍來說，芬蘭是個愛求知的國家，在城市或公園角落常常可以看到手持書卷悠閒閱讀的人民，在學校或社區圖書館也經常可以看到高比率的閱讀學生和民眾。從學校教育知識結構變化更是可以明顯了解到芬蘭社會盛行追求知識風氣，下圖1「芬蘭1970-2010年15歲以上接受教育人口」更可以得知：從1970到2010年之間的變化是僅接受基礎（或更低）教育人口減少，接受高中教育（upper secondary general education）增多，而大專以上程度（tertiary degree）教育，包括職業教育（vocational education）、技職教育（polytechnic education）和大學教育（university education），所頒發大專以上低階、高階或博士學位等人口數亦明顯增多趨勢（Statistics Finland, 2012b）。此外，芬蘭成人有50%會參加成人教育方案學習（Sahlberg, 2009），這些現象或數據反應芬蘭在高等教育或不斷進修知識人口數有增多趨勢。

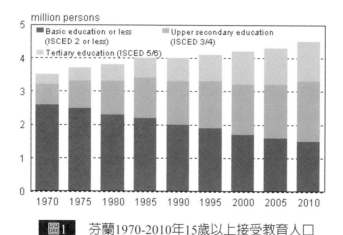

圖1　芬蘭1970-2010年15歲以上接受教育人口

資料來源：Statistics Finland (2012b). Educational structure of population 2010. Retrieved from http://tilastokeskus.fi/til/yop/2010/02/yop_2010_02_2011-06-16_tie_001_en.html

社會盛行追求高等教育或知識風氣，顯示師資培育教師素質亦需相對應提高的必要，如此方能因應更多高學歷或高知識進修之需求。芬蘭社會普遍認爲要成爲一位成功的教師，必須具備專業知識的判斷能力，與他人合作的工作能力，帶領自己和學生在相關議題共同做決定等能力，過去10年之間，有不少中小學校長和教師熱切追求博士學位（Sahlberg, 2009），以增強在教育專業方面的認知和技能，因應學校、家長和學生的專業發展需求。

二、學校教育創造PISA學習成就

近10年來，芬蘭在PISA表現有著卓越成就，改變全球各國對芬蘭學生的學術表現觀點。PISA爲經濟合作暨發展組織（Organisation for Economic Co-operation and Development, OECD），自1997年起籌劃跨國評量計劃，從終身學習的面向來看待教育的眞諦；包含正式與非正式的環境，諸如正規課程，課外社團，家庭環境，學校氣氛等，這個計劃是由所有OECD會員國與其他非會員國的夥伴國家（地區）共同合作執行。從2000年正式推出後，參與國家逐次遞增，可見評量理念與執行品質已普遍獲得認同。截至2009年爲止，有超過68個OECD會員國與夥伴國（地區）參與計劃，約略涵蓋了87%的世界經濟體，有超過一百萬名學生接受評量，除了紙筆測驗外亦有開發線上評量系統（臺灣PISA國家研究中心，2012）。

下表1「PISA在2000-2009年全球前5名國家」可以得知：芬蘭近10年來，在數學、閱讀和科學的考試表現，全部12次排名當中有11次名列前5名，閱讀和科學都是在前3名，此意味著芬蘭學生學習表現，高於全球各國學生表現。而較特殊的是，根據芬蘭PISA國家研究報告指出，只有7%的芬蘭學生在作數學功課時會感到焦慮，相較於日本和法國卻高達52%和53%的焦慮比例相對照（Sahlberg, 2009），芬蘭中學生學習焦慮似乎相對的低，間接佐證芬蘭多數的中小學教師的教學目的，是在幫助學生學習，而不是在通過考試（Berry & Sahlberg, 2006）。在快樂中學習知識的樂趣有別於爲了通

表1　國際學生評量方案PISA在2000-2009年全球前5名國家

2000	2003	2006	2009
數學	數學	數學	數學
日本557	香港550	臺北549	上海600
韓國547	芬蘭544	芬蘭548	新加坡562
紐西蘭537	韓國542	香港／韓國547	香港555
芬蘭536	荷蘭538	荷蘭531	韓國546
澳洲533	列支敦斯敦536	瑞士530	臺灣543
閱讀	閱讀	閱讀	閱讀
芬蘭546	芬蘭543	韓國556	上海556
加拿大534	韓國534	芬蘭547	韓國539
紐西蘭529	加拿大528	香港536	芬蘭536
澳洲528	澳洲／列支敦斯敦525	加拿大527	香港533
愛爾蘭527	紐西蘭522	紐西蘭521	新加坡526
科學	科學	科學	科學
韓國552	芬蘭／日本548	芬蘭563	上海575
日本550	香港539	香港542	芬蘭554
芬蘭538	韓國538	加拿大534	香港549
英國532	澳洲／列支敦斯敦／澳門525	臺北532	新加坡542
加拿大529	荷蘭524	愛沙尼亞／日本531	日本539

說明：1.2000-2006年資料來源為Ministry of Education in Finland. (2008). PISA06 Finland~Analyses, Reflections, Explanations. Published: By Author.

　　　2.2009年資料來源為Taiwan PISA National Center. (2010). Taiwan PISA 2009 Short Report. Published: By Author.

過考試成績的壓力，相形之下，值得玩味的是不少臺灣的教師，受到教育體制、升學壓力、家長期待、學校環境要求、社會價值觀念或教學理念等因素影響，多數以優異考試成績為教學目標，而非以帶領學生快樂學習為教學目標。

三、教育經費有效能投資各級教育

　　根據芬蘭教育文化部2011年出版的《2010年報～有能力和創意的芬蘭》（Annual Report 2012~Competent and Creative Finland）報

告指出：芬蘭2010年共支出63億7千4百40萬歐元（以匯率1歐元等於新臺幣40元計算，約合新臺幣2兆5千4佰9拾7億6千萬元），其中花在高等教育和研究共有27億5千4百50萬歐元；學生財政支援8億8千1百萬歐元；普通教育8億4千1百90萬歐元；職業教育和訓練6億7千4百60萬歐元；成人教育4億9千8百30萬歐元；藝術和文化4億60萬歐元；青年工作6千9百30萬歐元；運動部門1億3千7百70萬歐元；行政事務和教堂等工作1億1千6百50萬歐元，芬蘭在2010年教育經費共有120萬名學生，受惠於此一教育經費支出，其中包括1,518名獲得博士學位學生，一般大學學位144,321名學生，科技大學6,580名碩士學位學生，科技大學118,015名學士學位學生，高等職業訓練有55,981名學生，初等職業訓練有164,390名學生，高中學生107,400名學生，國中小基礎教育學生530,678名學生（Ministry of Education and Culture in Finland, 2011）。綜上可以得知，包括基礎教育（basic education）的國中小學生和高中（general upper secondary education）學生人數所佔人數最多，但國中小和高中所屬的普通教育（general education）支出經費卻非最多，而是在高等教育和研發支出最多教育經費，可見芬蘭相當重視高等教育和研發產出。

　　芬蘭的學生學習表現名列全球前茅，教師認真投入教學工作。令人深思探究的問題是：高教育成就表現是否花掉許多芬蘭納稅人的錢呢？誠如Sahlberg（2009）研究指出：1995-2004年芬蘭公部門和私人投資在芬蘭各級教育總共增加34%，卻遠低於同一時期OECD各國同一時期總平均值42%，從芬蘭PISA的成績高於其他各國，投資卻是低於OECD各國，據此可知：芬蘭投資合理教育經費是教育進步的重要因素，且能創造高於OECD各國的教育績效，實是相當出色的教育經營結果。

貳、芬蘭師資培育制度設計

　　目前芬蘭有16所一般大學，大學具有相當的學術自由和威權，可以自主作出決策，大學70%預算經費是由政府提供。此外，有25

所科技大學運作，亦受教育文化部所管轄的地方當局或私人基金會經營，校務經費來源是由政府和地方當局共同支援（Ministry of Education and Culture in Finland, 2012）。以下先說明芬蘭學校教育制度設計，再敘述師資培育制度設計。

一、芬蘭學校教育制度

　　芬蘭學校教育制度主要包括基礎教育（國中小學和學前教育）、後期中等教育（普通高中、職業訓練與教育學校和機構）、高等教育（一般大學和科技大學）。芬蘭是社會福利相當完善的國家，學校教育制度屬社會制度的一環，因此，從學前教育學校到高等教育的博士班均免學費就學，義務教育為國中小學9年。

　　從圖2「芬蘭學校教育制度」可以瞭解，學前教育是6歲入學，由於是選擇性教育，家長可以選擇送孩子入學與否。國小和國中是義務教育階段，家長必須送小孩入學就讀，國中和小學可以分開設立，也可以合併在同一所綜合中學（comprehsive school）。高中可以區分為普通高中和職業教育與訓練學校兩種，普通高中學生須參加國家高考，以作為申請進入大學的成績依據，職業教育與訓練學校畢業可以參加職業證照考試。大學系統分為一般大學和科技大學系統，均可以頒發學士和碩士學位，但僅有一般大學可以頒發博士學位。

　　芬蘭師資培育單位目前均隸屬於8所一般大學的師資培育系所，除了幼稚園教師可以由大學畢業生擔任職務外，其他中小學教師都必須具備碩士學位，才得以申請擔任教師職缺。

　　芬蘭近年來就讀各級學校學生人數有些變化趨勢，從表2「芬蘭2010-2012年各級教育學生人數一覽表」可以得知：1.各級學校在學人數約有125萬人，約佔總人口約540萬人口數的23%。2.國中小學義務教育階段，就學人數仍佔各級教育就學人口數最大比例。3.後期中等教育階段，就讀一般高中人口數少於就讀職業教育與訓練學校人口數。4.高等教育階段，就讀一般大學或科技大學人數無明顯增加現象。

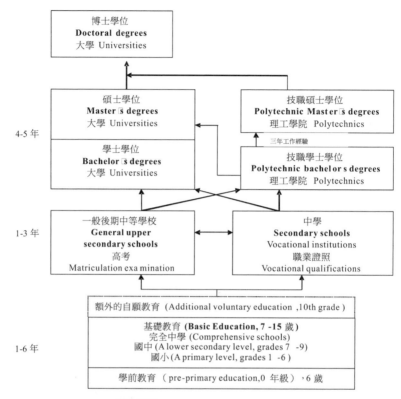

資料來源：Niemi, H. (2012). The Social Factors Contributing to Education and Schooling in Finland. Retrieved from Niemi, Hannele. , Toom, Auli., & Kallioniemi,Arto., (Eds)., (2012). Miracle of Education~*The Principles and Practices of Teaching and Learning in Finnish Schools (p.26)*., Rotterdam, Sense Publishers.

表2　芬蘭2010-2012年各級教育學生人數一覽表

各級學校	2010年學生數	2011年學生數	2012年學生數
國中小學義務教育	546,423	541,931	539,545
成人基本教育	2,361	2,390	2,530
一般高中	111,778	109,046	108,300
職業教育	279,863	279,266	270,900
科技大學	138,852	139,857	139,876
一般大學	169,404	168,983	169,000

（續下表）

各級學校	2010年學生數	2011年學生數	2012年學生數
總計	1,248,681	1,241,473	1,230,200

資料來源：1. 2010-2011年資料來源為：Statistics Finland. (2012c). 2010-2011 Students and qualifications of educational institutions. By Author.

2. 2010-2011年資料來源為：Statistics Finland. (2013). *Students in education leading to a qualification or degree by sector of education 2011 and 2012*. June 12th, 2013.Retrieved from http://www.stat.fi/til/opiskt/2012/opiskt_2012_2013-01-29_tau_001_en.html

二、芬蘭一般師資培育學程規劃

　　芬蘭師資培育採行大學師資培育系（或所、院）招收高中生入學就讀，以及招收學校內合作夥伴學院學生就讀兩種方式來培育師資。前者類似臺灣的大學教育相關學系，後者類似各大學師資培育中心。芬蘭是整合所有教育相關學系和師資培育中心兩種培育單位為師資培育系（院），進行師資培育所有行政運作，各大學師資培育系依照學校規模和各區域師資需求，設置各類學程（program）來培育師資，一般而言，師資培育系的學程包括四類：1.幼稚教育學程（program for early childhood education），2.小學教育學程（program for elementary teacher education），3.中學教育學程（program for secondary teacher education），4.特殊教育學程（program for special education）。以下說明此四類教育學程擔任中小學教師之相關師資培育素質需求（TThe Trade Union of Education in Finland, 2012; Sahlberg, 2009）：

　　(一)幼兒教師

　　幼兒教育是學前教育的一環，在芬蘭學前教育並非是義務教育，所以家長可以選擇送幼兒到幼稚園（kindergarten）或日間照顧中心（center for day care）的學前教育學校（pre-primary schools）就學。幼兒教師一般依照工作場境和服務對象，區分為幼稚園教師（kindergarten teachers）和學前教育教師（pre-school teachers）。

　　幼稚園教師服務對象是1到6歲的孩子，教師必須完成師資培育

系幼稚教育學程學士學位，精熟幼兒照護專業能力和教學素養，或是完成學前教育和社會服務60學分的社會服務學士學位（the bachelor of social services degree），擅長幼兒照護專業能力，具備這兩種學士學位教師，都可以申請擔任幼稚園教師。學前教育教師教學對象則是滿6歲準備進入小學的幼兒，由於學前教育（pre-primary education）屬於選擇性教育，因此家長可以將幼兒送往日間照顧中心或幼稚園的學前教育學校接受教育，學前教育教師僅可由幼稚園教師或小學教師擔任，社會服務學士學位教師不可以擔任學前教育教師。此外，值得一提的是，針對特殊教育幼兒，只有專長在學前教育修畢特殊教育學程學士學位，同時具備特殊訓練資格且有小學碩士學位的教師，才可以從事特殊教育幼兒教學。

(二)小學教師

小學教師可以區分為小學級任教師和學科教師兩種教師。小學級任教師擔任小學1到6年級的級任老師為主，科任教師則依照專長分配任教學科。兩者都必須修畢小學教育學程具備碩士學位，再依照在修讀班級教師或學科教師學程學分差異，報名參加小學班級教師或學科教師甄試，錄取後依照學校任教需求，分配為及任或學科教師。

小學教師如在師資培育系，修讀小學教育學程的學科教師獲得碩士學位，且已修畢國小基礎學科學分需求和國中某一學科學分需求，亦可以申請擔任綜合中學的國中部學科教師。此外，小學教師如再加修學分特殊教育學程，亦可以申請擔任小學特殊教師教學工作。

(三)中學教師

中學教師是指具備擔任國中和高中教師資格的教師，培育過程一般是採取培育學科教師為主，如同小學教師學歷要求具備碩士學位。中學教師依據其所選讀學程教育課程學分內容，亦可以擔任職業學校和成人教育教師。一般而言，師資培育系學生多會選擇未來可能任教學科，努力鑽研教學專業發展；而他系或學院學生選讀中等教育學程，則偏重在教育學研究相關學分，如同臺灣專業科系學生選讀中等

教育學程，注重在教育科目學分的研究。

(四)特殊教育教師

特殊教育是芬蘭針對特殊學生培育會規劃專屬特殊教學計畫的教師，特殊教育教師多數任教在國中和國小，且必須具備碩士學位。由於社會變遷迅速，根據2010年芬蘭教育統計在秋季統計報告，有8.5%的的國中小學生，超過4萬6千7百位學生被轉介接受特殊教育，目前需要接受部分時間或全時特殊教育或教學規劃協助的學生有漸多趨勢（Statistics Finland, 2012d）。芬蘭特殊教育教師相當重視特殊教育的教學專業和特殊教育研究能力，因此，特殊教育教師碩士學位論文主題，通常會選擇特殊教育的教學為研究主題。

三、職業教育與訓練師資培育規劃

芬蘭職業教育與訓練的升學進路，與臺灣高職連接科技大學升學系統有所差異，嚴格來說，其職業教育與訓練師資培育，並不涵蓋在一般師資培育系統當中。

芬蘭在高職階段，是由職業學校或學徒訓練機構，共同負責進行3年職業教育與訓練，學生通過證照考試（vocational qualifications）畢業後，可以選擇進入一般大學或科技大學繼續升學，或者進入職場有了工作經驗後，再參加職業證照考試，取得專家職業證照（specialist vocational qualifications）或其他進階職業證照（further vocational qualifications）。而在高等技職教育階段，是由科技大學負責職業教育與訓練，包括全部5年的高等技職教育（科技大學學士學位3-4年和碩士學位1-2年）。取得科技大學的技職教育學士學位，需有3年的工作經驗後，才能再申請升學科技大學碩士班，以取得技職碩士學位。在高職階段的職業教育與訓練需求師資類型，可以分為下列三種（The Trade Union of Education in Finland, 2012; Sahlberg, 2009）：

(一)職業學科教師

高職階段職業學科師資,基本上要求一般大學或科技大學的碩士學位,或者由聘任機構自訂其他適當的學位。例如:商業管理、社會服務和健康照護等職業訓練類科的師資,則是要求取得一般大學頒授的碩士學位。而且職業學科教師必須擁有與其任教職業類科相關領域的三年工作經驗,才能修讀「教育學研究」(pedagogical studies)這類教學實習視導學分,要完成教育學研究的選讀,可以選擇在擔任學科教師教學前取得學分,亦可以在任教時再參與遠距學習計畫。

(二)核心學科教師

核心學科教師(core subject teachers)是指教授國語文(芬蘭文或瑞典文)、外國語文、數學和自然科學的教師。核心教師必須具備碩士學位,且對於教授專長學科,具備初級、中級和高級研究該學科經驗,第二專長學科須具備初級和中級研究該學科經驗,而教育學研究,可以在一般大學或是職業師資培育系完成此一相關研究學分。

(三)特殊教育教師

如欲從事高職階段特殊教育教師,可以是核心學科教師或其他職業學科教師,再修畢60學分的特殊教育學程,即可擔任職業教育與訓練學校的特殊教育教師。

綜觀上述,可以獲知芬蘭師資培育規劃有下列特色:1.注重專業素質和彈性任用制度:例如,在幼兒教育階段,接受師資培育系幼教學程學士學位和社會服務學士學位兩類畢業生,可以從事1-6歲的幼兒保育工作,但是,6-7歲的幼兒學前教育,僅有師資培育系幼兒教育學程學士學位或具有碩士學位的小學教師,可以從事幼兒教育工作。而在小學教育階段,是由修畢小學教育學程(班級教師或學科教師)的碩士畢業生來擔任教學工作,然而,小學學科教師若任教於國中小合併型態的綜合學校(comprehensive school),除了可以擔任小學科任教師外,亦可以擔任國中的學科教師。2.持續性關注特殊教育和個別差異學習:在芬蘭從幼稚園到高中職畢業,都規劃有特殊教

育教師，協助個別差異的特殊個案，進行學習方案計畫和教學計畫。
3.強調技職教育師資須備職場工作經驗和教育學研究：職業教育與
訓練學校之職業學科教師，需有3年與任教該領域相關學科之工作經
驗，提供任教前之職場學習經驗；核心學科教師，則需有初級、中級
和高級的學科研究經驗。4.鼓勵高職階段深化考取專業證照：由於高
職包括職業學校和學徒訓練機構兩種不同性質的三年學習歷程，高職
畢業時，需考取國家證照才能升學高等教育的一般大學或科技大學，
如不升學則鼓勵考取其他專家證照或高階專業證照，以近年來技職教
育較受重視，由統計數據（Statistics Finland, 2012c, 2013）看來，一
般和技職高等教育職場分流教育目標也越明顯，可見是技職教育受到
芬蘭社會的肯定。此外，高職階段職業教育與訓練師資素質的質與量
需求，未來也將對於社會和產業有更多影響。

參、芬蘭師資培育現況

　　芬蘭得以培育各級學校優秀教師，追溯其源，深受師資培育方案
影響其定位，師資培育學校教師倫理和優秀學生共同教學相長，以及
良好的課程設計等因素影響，以下說明師資培育現況。

一、師資培育方案起源：The VOKKE project

　　芬蘭國家層級的師資訓練和教育科學的學位學程發展計
畫（National-Level Coordination Project of Degree Programme
Development in Teacher Training and the Sciences of Education），此
一師資培育方案，以芬蘭文稱作The VOKKE project。方案是由教育
部委託赫爾辛基大學行為科學學院所主導的全國性師資改革計畫，計
畫是由當時擔任赫爾辛基大學副校長的Hannele Niemi教授領導國家
指導小組，以各種學術研討會、實務討論會和小組討論等型式，進
行全國性師資培育走向的定位，計畫主軸是以學士和碩士二階段培
育師資，和師資培育應修讀學分數為研究重點，計畫執行期程是從
2003年3月到2006年結束（VOKKE project, 2012）。由於此計畫的完

成，芬蘭全國師資培育才眞正定位出「以研究爲導向」（Research-based Teacher education in Finland）的師資培育目標，中小學教師應具備碩士學位，師資培育改爲學士和碩士二階段300學分的培育模式（Afdal, 2012; Niemi, 2012; Niemi and Jakku-Sihvonen, 2011; VOKKE project, 2012）。

此一師資培育改革方案，參與者認爲這代表著非常「芬蘭式的作法」（This is a very Finnish way of making things）的象徵意義，因爲芬蘭人普遍相信教育部和專家有責任感，可以均衡政策走向，而且芬蘭人普遍相信社會存在共有的合作文化和民主素養，師資培育自有其自我管理和學術自主的方式。觀察芬蘭教育改革從溝通觀點來看，嚴謹的師資培育政策確實融入大幅度的參與對話，但是從權力分配而言，則趨向整體均等主義（egalitarian）的共識需求（Afdal, 2012）。

綜觀這個師資培育改革，可以觀察出芬蘭社會對於學校機構和教師，具有相當高的專業信任感，賦予完全自主性地去發展教育事務，這種正向積極的激勵取向，可以說是一種「民主專業主義」（democratic professionalism）（Toom & Husu, 2012）。Afdal（2012）比較芬蘭和挪威的師資教育政策差異，發現挪威較多政府官方的行動參與歷程，芬蘭較多學術團體的對話溝通來制定方向，雖然兩國有著不同的文化和政治立場，但可以發現芬蘭師資培育政策，在行動參與者部份，廣徵各界建言三年之久，猶如一盞明燈般架構整個師資培育何去何從走向，而且參與此一方案行動者是由全國各師資培育機構代表，此一方案被視爲一項教育改革，方案指導小組的視導人員是從各大學、利益團體、學生組織挑選人員組成，此一工作網絡包括學術性的協調，以及有關師資培育的各種不同評量、教學實務，和課程結構內涵等全國性和機構合作（Jakku-Sihvonen & Niemi, 2006），當然是由教育部任命的指導小組。Niemi（2012）重申這是由具有多重專業和多重訓練的20多個工作小組來發展師資改革歷程。簡言之，這種民主專業主義是透過師資培育專業組織成員所表達的共識。

二、師資培育入學考試：可以挑選高素質學生

在芬蘭每年大約有6,500位學生申請進入師資培育機構，大約只有800位學生能夠通過考試成為班級師資培育機構的學生，再經過5年碩士程度的師資培育歷程，接受以研究導向和實務教學為主的訓練，才有可能變成一位有素質的學校教師（Toom, & Husu, 2012）。可見，要成為一個社會地位崇高又能表現高素質競爭力的教師是不容易的。

以赫爾辛基大學師資培育系而言，學生來源來自文學院、理學院、生物科學院、神學院、社會科學院和師資培育系所在行為科學院等6個學院，中學師資培育重視教育學研究和學科研究，小學教師著重於班級教師工作和所有13種學科的教學。從表3「2011年赫爾辛基大學師資培育系的入學考試錄取率」和表4「2007-2010年芬蘭師資培育學校入學考試錄取率～班級教師」可以得知，芬蘭師資培育系入學錄取率相當低，培育單位可以挑選高素質學生入學，經過嚴謹的師資培育職前訓練課程陶冶，畢業後參加激烈的教師甄試，錄取後才能到中小學任教，大多數教師幾乎是具備高素質保證的教師。

表3　2011年赫爾辛基大學師資培育系的入學考試錄取率

學位學程	筆試	口試	錄取人數	錄取率
中小學班級教師學程	1780	360	120	7%
幼稚教師學程	853	300	100	12%
幼稚教師碩士學程	96		28	29%
特殊教師學程	780		15	2%
錄取人數（錄取率）	3509	660	263	7.50%

資料來源：Lavonen (2012a)，未出版。

芬蘭全國性師資培育入學考試是獨立招生，高中畢業生除了具備高中畢業資格外，想要進入大學師資培育系就讀，必須參加全國性統一考試初試和各校辦理複試的考試歷程，赫爾辛基大學師資培育系副教授Inkeri Ruokonen表示，考試歷程包括：

表4　芬蘭師資培育學校入學考試錄取率～班級教師

師資培育學校	2007 報考人數 （錄取人數）	2008 報考人數 （錄取人數）	2009 報考人數 （錄取人數）	2010 報考人數 （錄取人數）
University of Helsinki	1373(100)	1254(120)	1432(120)	1578(120)
University of Joensuu				
Dept. in Joensuu	367(80)	371(83)	359(81)	467(80)
Dept. in Savonlinna	192(69)	142(45)	149(41)	146(40)
University of Jyväskylä	1006(96)	964(93)	1020(86)	1103(80)
University of Lappland	317(68)	296(67)	316(66)	345(64)
University of Oulu				
Dept. in Kajaani	305(72)	305(60)	293(69)	295(60)
Dept. in Oulu	629(24)	604(22)	554(22)	677(20)
University of Tampere				
Dept. in Hämeenlinna	808(64)	679(64)	789(53)	774(64)
University of Turku				
Dept. in Rauma	435(65)	312(62)	427(58)	438(60)
Dept. in Turku	635(88)	586(84)	660(74)	763(73)
總報考人數 （錄取人數）	6067(726)	5513(699)	5999(670)	6586(661)
平均錄取率	11.97%	12.68%	11.69%	10.04%

資料來源：Niemi, H. and Jakku-Sihvonen, R. (2011). Teacher Education in Finland. In M. V. Zuljan and J. Vogrinc,. (Eds). 2011 European dimensions of teacher education : Similarities and differences (p.42). Slovenia:Dravska tiskarna.

　　第一階段是筆試：全國考生必須閱讀由教育部邀請專家學者主編的教育學科論文集，再參加均出自該論文集考題的筆試；第二階段是口試：各大學參與考試的培育單位依照報考人數和錄取人數一定比例，篩選筆試優異成績的學生進入複選，口試進行方式則由培育單位教師組成各學程口試委員會，以芬蘭文口試，選擇適合就讀師資培育學程的學生，最後再依照教育文化部分配名額公告錄取名單，因為錄取名額是教育文化部和各師資培育機構共同協商確認的，這是招考高中畢業生的作業。而各校其他學院想修

讀師資培育學程想要成為教師的在學學生，則由各大學針對各學院想考教育學程，自行安排考試日期，篩選優秀學生選讀各類學程，相對的，甄選各學院學生就讀學程的考試作業，並沒有高中畢業生直接想進入師資培育系那麼嚴格（Inkeri Ruokonen口述，2012/06/28）。

芬蘭師資培育入學考試是篩選優秀學生的重要作業，透過全國筆試和各校口試二階段考試作業，考生需要閱讀思考教育義理且接受教育專家提問口試，層層挑戰和考驗直到真正獲取就讀資格，有助於個體了解自我省視自我，究竟為何選擇從事教師職涯和該如何準備成為未來學校教育工作。

三、師資培育授課教師：重視倫理輩分

芬蘭社會相當重視和肯定教師對社會的貢獻，甚至認為PISA的成就和師資培育的培育是密切相關（Burris, 2012; Niemi, 2012）。研究者與芬蘭赫爾辛基大學師資培育系系主任Lavonen教授，討論有關大學教師職務時，發現師資培育系教師管理深植「倫理輩分」觀念，同事之間上下職級職權和評鑑考核系統分明，充分發揮師資培育單位結構功能（structural functionalism），Lavonen教授指出：

芬蘭一般大學正式教師嚴明區分為教授和講師兩級。教授又可以分為教授（Professori）和副教授（Dosentti或稱為Adjunct Professor）二種層次，教授是最高等級教師，副教授是由學院評審委員會通過本職是講師，因其研究和教學表現傑出而賦予的名稱，但該教師其本職仍是講師，並無美國系統聘任制度之副教授職級實權和意義，如果是外國資深教授想在芬蘭大學兼課，也只能以副教授聘任之。講師分為大學講師（Yliopistonlehtori）和資深講師（Lehtori Tuntiopettaja）二種層次，其中大學講師是指1990年以後獲得博士學位的講師，資深講師是指1990年以前

獲得博士學位的講師，講師的年度考核由系主任為主導的委員會進行考核，教授則由院長為主導的考核委員會進行考核。在芬蘭，廣義的大學教學和研究工作是由教授、副教授、大學講師、資深講師、博士後研究員和博士生等6種不同職級人員擔任，這6種職級人員必須同時負擔教學和研究工作，以赫爾辛基大學師資培育系，到2012年6月這一學年，全系約有208位教學和研究人員，但僅有22位教授，早期只有教授才能指導博士生，和申請芬蘭科學院研究計畫，到近2年來才開放給其他等級教師（Jari Lavonen口述，2012/05/11）。

Niemi（2012）研究指出：芬蘭教師代表著高素質學術和倫理專業的角色意義，教師被視為是一種專業，來自於社會信任大學和教師工作所付出的專業。芬蘭大學教師是中小學教師需求各種專業素養的主要提供者，Toon & Husu（2012）研究指出：芬蘭中小學校教師全力投入職場和表現各種職責角色，在教育的自由與責任之間，扮演好如萬事通的角色（Finnish Teachers as 'Makers of the Many'）。檢視芬蘭大中小學教師的的學術倫理輩分和事事認份投入職場規範，楷模學習儼然成為一種師資培育場境的潛在課程，散佈在該有的同僑氛圍、師生互動、評鑑對象和職場倫理份際，此種自然潛在賦予薪傳教育精神，似乎從師資培育的職前訓練影響到在職教育階段。

四、師資培育課程設計：5年二階段300學分課程

芬蘭一直到了2005年8月1日，才由法律決定中小學教師，應修畢3年180學分學士學位和2年120學分碩士學位，方具備教師資格，所有師資培育課程結構如下要素（Niemi, & Jakku-Sihvonen, 2011）：1.學術學科：學術學科包括以後在學校要教學的科目，包括主修和副修的學術學科，如果是要擔任級任教師，以教育學科為主修，可以副修其他可以任教的學科。2.方法論研究：主要包括學士論文和碩士論文。3.教育學研究：最少需要60學分，是所有要成為中

小學教師的必修學分，主要為教學實習。4.溝通，語言和資訊溝通科技研究。5.個人研究計畫的準備：即引導學生發展職涯的有效能方案準備。6.其他研究：可以是學生以後要擔任其他不同學科的選擇性研究。

　　芬蘭大學學分主要目的是採計歐盟和歐洲各國可以互通學分為主要考量，課程學分（European Credit Transfer System或者可稱為The European Credit Transfer and Accumulation System，簡稱ECTS），是指歐洲學分認證轉換累計系統所採計的學分算法。1學分的算法是指學生在研究上必須花25-28小時（Niemi, 2012），在課程、討論或連繫事項（contact hours）、考試、獨立和合作學習時間。

　　綜觀芬蘭師資培育課程設計，具有重視教育現場需求教學學科、研究論文、教育實習和資訊教學技術等學術要求，結合教育理論與學校實務之課程實踐設計，以及歐盟認證學分之互通學習考量。芬蘭大學師資培育單位具有高度自主性的課程設計決定權，全國師資培育系所的大學，並無所謂的統一詳細的師資培育課程設計內容，僅有一些由師資培育單位提出的原則和綱要，這些課程原則或綱要，部分是由教育文化部提出，部分是由國家層級的工作小組，部分由教育文化部召開各大學教育院長和師資培育系系主任會議協議而定（Niemi, 2012）。換言之，5年二階段300學分課程內容設計和教學設計，師資培育單位授課教師具有相當大的彈性規劃，當然要培育優異的中小學教師，挑戰性也相當大。

肆、芬蘭師資培育動向

一、教育奇蹟意味著對教育的堅持任務

　　研究者在赫爾辛基大學師資培育系擔任訪問學者期間，閱讀《教育的奇蹟～芬蘭學校教與學的原則與實務》（Miracle of education~The principles and practices of teaching and learning in Finnish schools）專書，和擔任推動芬蘭師資培育革新方案~The

VOKKE project計畫主持人，現任教於赫爾辛基大學行為科學院（Faculty of Behavioural Sciences）行為科學研究所的Hannele Niemi教授，討論有關芬蘭師資培育未來發展的觀點，她表示：

> 芬蘭社會在1960-1970年間，即開始大規模的改變所有綜合學校（comprehensive school）和新式的師資培育型態，最後到2005年慢慢定位出來碩士學位程度教師。我們培養共同信念：沒有學校成就測驗、沒有體罰、沒有督學、沒有高薪資，但有專業信念和歸屬感的教師組織，所以他們有發展專業責任感，是具備研究精神去分析複雜情境的高素質教師，對於未來，師資培育將著眼於多元文化學校教師培育、資訊溝通科技（information and communication technology, ICT）的教育應用、個別化課程（personalized curriculum），以及職前教師的指導和訓練，教育的奇蹟意味著是對教育堅持的任務（Miracle of education is a persistent work for education）。（Hannele Niemi口述，2012/05/09）

　　研究者接著訪問她對於師資教育改革是否憂心未來無法看見顯著進步，以及師資培育是否有進行內部和外部評鑑，以具體呈現師資培育成果，她認為：

> 師資培育工作是需要努力的投入才可能看到成果的，進步的教育是來自信任和責任的相互對應，當我們統整理論和實務在五年的碩士教師培育過程，其實我們並不擔心進步或是不進步的問題，而是較關注他們是否在學術訓練、研究學習、教育學研究、語言溝通和資訊溝通科技應用等方面，是不是具備專業能力，這需要花費相當多時間。此外，芬蘭是採行國際教育評鑑，畢竟做一次教育評鑑要準備相當多文件是相當不容易的，我們只是隨時在想怎麼作好以研究為導向的師資培育。（Hannele Niemi口述，2012/05/09）

　　事實上，芬蘭早在1990年，已經正式建立信任性的學校文化（Sahlberg, 2011, p.27）。解讀Niemi教授的教育奇蹟意味著對教育的堅持任務，在教育形式上強調「研究改變和信任責任」為師資培育創造奇蹟的催化劑；在教育內容上規劃二階段碩士學位課程內容；在教育時程上，從1970年代將中小學師資培育工作移至大學，到2005年定位出二階段碩士學位培育教師，長達40年教育堅持挑戰創新，終於穩定學校教師教育專業素質，和展露PISA成就冠蓋全球，結合教育形式、內容和時程，可見社會各界對大中小學教師的肯定，符應師資培育和外在績效的一致性。深厚的教育哲學思維是教育工作者能夠堅持教育專業內涵的精熟，包括對教育科技的應用，對同儕、家長和學生的溝通，對教育變遷造成文化衝擊的因應，對教育問題採取不斷研究，成長自我成就他人的信念，更宏觀的是會對社會文化和責任堅守職責，芬蘭學校教師的教學成就和師資培育研究為導向的相互呼應，彰顯大學師資培育教師和中小學教師互動之間的教育奇蹟。

　　芬蘭目前有University of Helsinki、University of Turku、Åbo Akademi University-Turku、University of Tampere、University of Jyväskylä、University of Oulu、University of Lapland和University of Eastern Finland等8所大學，設有教育系所培育師資，研究者參觀師資培育系發現其設備，發現其設備雖不比臺灣師資培育學校相關系所新穎先進，但卻是緊扣中小學課程教學內容需求熟練技能和輔助認知學習而有的設施，研究者觀察師資培育系藝術教學大樓紡織課程相關設備，例如硬體的紡紗機、紡織機、染色器材器具、印刷機、模特兒樣板、裁縫機具和軟體的紡織設計程式等，一應俱全。師資培育系開設學校學科教師有關技藝（crafts）課程和設備，完全配合中小學課程需求，讓師資培育學生在師資培育場域「先練習一遍怎麼教」，從如何教學生紡織、染色、印刷、打版、剪裁、配色到縫紉成一件衣服或織品，完全精熟課程實踐內容，學生畢業到中小學「懂得如何教和教得好」，教學和學習理論和實務的研究，以「研究為基礎的師資培育」成為芬蘭過去所堅持，也是未來師資培育發展動向的最重要堅持。

二、有素質的教育工作者應有持續性專業發展

　　由歐盟執行委員會（European Commission, EC）主辦，於2012年3月26-28日在比利時布魯塞爾（Brussels, Belgium）舉辦的「教育的平方：支持師資教育工作者政策~同儕學習研討會」（Education 2: Policy Support for Teacher Educators ~ a peer learning conference），邀集了歐盟18個會員國家代表出席，共同研究持續性專業發展（continuous professional development, CPD）相關議題：1.師資教育工作者職業的定義和可能的發展。2.師資教育工作者的認同和承諾：有關在認知和差異性的議題。3.師資教育工作者能力和標準：辨別能力需求和利益相關者（stakeholders）投入的採取步驟，利益相關者所指的是具有權力、影響力和計畫的國家或院轄市政府單位，以及大學相關單位。4.師資教育工作者的終身學習：專業發展和系統性支持機制（Lavonen, 2012b）。會議中由各國提出師資培育觀摩學習資訊，其中以荷蘭的教育工作者專業組織爲同儕學習典範。

　　荷蘭對於教育工作者的專業發展有以下特色：1.發展教育工作者標準和專業註冊的建立機制，增強教育部對教育工作者的認同和專業認可。自1999年開始發展的教育工作者標準，之後曾修改並增加以學校爲基礎的教育工作者相關標準，目前正在修訂不同程度能力的標準。2.2011年經由荷蘭教師專業組織VELON和阿姆斯特丹自由大學（the Free University of Amsterdam）的努力，剛敲定以知識爲基礎的教育工作者發展，這個發展標準包括了成爲一個教育工作者的關鍵要素，由專家提供的背景知識，良好的實習案例，討論和延伸閱讀的建議。3.VELON專業組織的角色，扮演著增強自我意識、專業認同和編製專業發展工具的重要關鍵。VELON在師資培育上被認定是具有爭議的利益關係者，接受相關計畫的資金支持，負責發展歷程和專業標準的調整。師資培育雇主（大學和學校的執行者）都贊助和鼓勵學校教職員成爲VELON的會員。4.特別是VELON和教育部之間，有關政策發展的利益關係者之間體制已經建立的很好（Lavonen,

2012b；VELON, 2012）。歐盟關注教育工作者持續性專業發展，爲師資培育有關教師素質、專業標準、政策協商和專業組織整體運作，提供各國參考實例，增強師資培育專業發展智庫，系列性規劃專業知識和權益協商等事宜。

　　教育工作者包括和教育相關的學校教師、師資培育單位教師、工會或學會工作人員、政府部門或教育行政相關單位人員，以及教育產業製品相關人員等。荷蘭教育工作者組織提供持續性專業發展的標準和註冊機制，透過協助、協商和反饋機制建立學校教師的專業發展標準，是一種「在職專業學習歷程」的共乘效益。教師是影響學生價值思維和行爲模式的最主要關鍵者，學校教師如能有持續性專業發展，確認自我意識和專業認同，再經由專業發展工具，評鑑專業等級和系統需求專業發展能力，持續性專業發展才能眞正落實。誠如Niemi（2011）研究指出：師資教育工作者如有類似荷蘭VELON專業組織政策，將有助於發展教師專業。芬蘭並無廣泛師資培育專業發展系統（Niemi, Toom & Kallioniemi, 2012），芬蘭師資培育未來動向，相當重視在職訓練師資培育工作，過去一直仰賴師資培育單位提供課程的進修研習，指導在職教師教育知能專業成長，未來將積極發展可以和培育單位、就業職場和政府有協商地位的專業組織，成爲教師專業認同有助於專業實質效益的教育工作者組織。

三、持續芬蘭式的師資培育再定位的思考

　　Sahlberg（2011）在美國Vanderbilt大學，分享世界可以向芬蘭學習什麼教育改變的課題，在演講中指出：芬蘭式的師資培育是不會隨著世界教育改革潮流走，而是會考量芬蘭社會文化選擇適合自我發展（a Finnish way）的思維脈絡。因此，芬蘭無視於全球化、學術化、菁英化和選擇化的教育改革浪潮，反而珍視信任社會文化特質，堅持走自己想要推動的教育改革路線。所以當全球教育改革強調讀寫算這些學術能力養成時，芬蘭教育改革重視全人教育，特別是從小到大創造力成長和點子發想關注；全球教育改革重視教學與學習成就評

量標準化時，芬蘭教育改革重視個別化的課程設計，每個教師在國家課程架構之下，可以設計因應學生特質的各種不同教法；全球教育改革重視透過競爭學習才能成爲菁英時，芬蘭教育改革重視共同體的團隊精神；全球教育改革重視挑選學校和學生，才能均衡改善教育素質看見教育未來，芬蘭教育改革重視考量個體公平合理適切對待每個人應有教育素質，和潛能開發的均等（equity）教育權，芬蘭學校無法像許多國家，有多所私立學校讓家長挑選，芬蘭學校通常很小，且少有私立學校，家長僅能從孩童潛能發展讓孩童進入適性發展的學校。而且，芬蘭人一向很驕傲的是（Niemi, 2012; Sahlberg, 2011, 2009）：全國在沒有督學監督和補習班的助長升學壓力，卻能創造PISA的全球奇蹟表現。但值得玩味的是，芬蘭社會將PISA中學生表現成就，歸因於師資培育的成功。

隨著PISA的評論越來越多（Adams, 2003；Dohn, 2007），也提醒芬蘭教育工作者應該省思PISA的國際學生評量成果，眞的可以作爲決定學生成就和成功教育制度的依據嗎（Sahlberg, 2009）？如果PISA教育成就有所變化時，芬蘭「研究爲導向」的師資培育定位是否會再有所變化？是值得觀察議題，然而從芬蘭良好的社會福利，普遍性信任教育文化的堅定意象，以及40年來師資培育的堅持做好教育研究和實踐面向來看，即使沒有PISA的成就光環，芬蘭師資培育仍會堅持做好教育專業表現。

伍、反思芬蘭師資培育現象與啓示

探析芬蘭在師資革新方案、入學考試、倫理輩分和課程設計的培育現況，以及思考教育奇蹟意味著對教育的堅持任務，有素質的教育工作者應持續性專業發展，持續芬蘭式的師資培育再定位等未來動向，足見芬蘭式的師資培育有所堅持有所創新，反思芬蘭現象提出以下啓示。

一、培育單位發展：規劃大系或學院式整體行政運作

臺灣師資培育學校歷經日據時期創建的師範學校，民國時期發展的師範專科學校、師範學院。迄今培育學校分為延續師範學院的教育大學，整併師範學院和其他大學的普通大學（例如嘉義大學、東華大學），擴張師範學院規模的普通大學（例如臺南大學）等三種類型（沈翠蓮，2004；國立臺南大學，2013；國立嘉義大學，2013）。芬蘭師資培育學校，在1974年以前由師資訓練學院來培育師資，在1974年則改由普通大學教育學院或師資培育系從事師資培育工作（Niemi, 2012; Sahlberg, 2011）。綜觀芬蘭和臺灣師資培育發展脈絡甚為相似，近40年來都致力於提升培育學校為大學位階；有所差異是近20年來，芬蘭整併多元教育學術領域，例如特殊教育、測驗評量、教育心理、藝術教育、科學教育、體能和幼兒教育等等為單一大系或學院運作整體行政事務，如赫爾辛基大學師資培育系（Department of Teacher Education）或拉普蘭大學教育學院（Faculty of Education），臺灣則以整併或擴張師範學院為另一新型態大學，或是在大學另設師資培育中心為發展運作方向。綜觀演繹差異，芬蘭師資培育在於整合專業資源，統一運作師生教學、學習和實習等各項協調合作和效益需求；臺灣在於專業分工運作，由系所中心單位各自負責師生教學、學習和實習等各項協調合作和效益需求。

細究芬蘭全國師資培育單位的大系或無設系的單一學院，整體行政運作模式確實有其優勢，幾乎是真正做到資源設備全系（院）共同充分利用，師生除了學程需求學分外，有相當多如歐盟共同學分、跨國選讀學分和海外實習等跨領域或國際化學習機會。臺灣則偏向「分工式」行政運作模式，規劃師資培育課程和實習等事務，除了教育系和師資培育中心之外，再區分各個教育相關的獨立學科系所（例如語文教育系、數學教育系、物理系、特殊教育系等），顯然要發揮整體人力和設備資源共同分享，跨領域或國際化學習是有其侷促性。研究者認為：整體或分工式的師資培育行政運作，各有科層體制上的優勢

和限制，但整體式師資培育較能宏觀處理學生、學系（或師資培育中心）、實習學校、教育主管單位（教育部或縣市教育局）、教育利益團體（學會專業組織或協力訓練單位），甚至國際整體學術合作等事宜。臺灣未來可以進行組織改造，嘗試整體式師資培育行政運作，類似芬蘭以大系或學院不分系來調整師資培育結構，開設各種師資培育學程，將有助於師資培育學生未來成為一位正式教師，整合師資培育學校、實習學校和任教學校資源，培養課程實踐、學習資源、學習進程、教學實習和協調活動等能力，並創造跨領域彈性學習甚至國際化學習之可能。

二、入學考試制度：學生入學考試研議全國性獨招作業

教育事業是百年樹人工作，芬蘭師資培育學生是須具備優異高考（聯考）成績，還須再參加8所師資培育學校聯合入學考試（如前所述），通過筆試再口試最後由委員會決定入學名單。這種作法顯然和臺灣光復後師範學校和師範專科學校考試作業相似（沈翠蓮，2004），但芬蘭更嚴謹之處，是針對想成為未來教師的學生，由教育部聘請專家學者公告一本《教育論文集》作為全國筆試出考題依據，先筆試教育科目了解學生教育知識信念，再面試篩選優秀學生。簡言之，芬蘭是「先選對人」──有初步認識教育理念的人，再進到師資培育學程培育教育內涵和素質。據此觀之，有教育志向又有教育訓練素質的未來教師，其所建立之深厚教育志業，當然頗受社會各界尊崇，又適逢PISA在10年來交出全球亮麗成績，加上全國沒有補習、督學等壓力環境，自然成為全球觀摩學習的指標。

現在臺灣的師資培育學生是透過筆試成績篩選學生，雖然公平但難以創造適才適用的教師來源。如能挑選確立接受師資培育志向的學生，持續性的、逐漸蛻變的專業培育歷程，如此蛻變成熟的個體，將不只是任教學校教育場境的資源，將極有可能如芬蘭學校教師為國家或社會創造「新」資源（溫明麗，2012），因為個體主體性引發的內在連鎖式變革，是可以讓個體整合專業才藝和信念素養，產生教育

事業創新的自我和他人效益。換言之，如能發揮優質個體主體性的教育群聚力量，將可創造師資培育和學校教育共乘效益，一如芬蘭師資培育的入學考試制度和後續培育之路。因此，臺灣可以參考學習芬蘭式考試制度優勢，規劃臺灣式優質師資入學考試之路。

三、教育專業發展：規劃發展教師工作者專業組織

　　芬蘭在師資培育工作方面，一直仰賴師資培育學校所提供課程的進修研習，近年來芬蘭也發現荷蘭教師專業組織VELON和阿姆斯特丹自由大學（the Free University of Amsterdam）的共同努力，可以提供以知識為基礎的教育工作者，包括職前和在職專家提供的專業知識、良好的實習案例、專業評量、研討會、在職進修課程，以及出版專書期刊、討論和延伸閱讀的建議等，協助教育工作者專業成長，甚至具有教育組織代表性，受到國家教育主管層級、大學師資培育單位、教育產業組織相當高重視（VELON, 2012）。芬蘭顯然也發現到師資培育在職進修工作，涉及學校、社區、家長、利益團體、法律糾紛、文本知識、自我專業成長等複雜性，有別於職前訓練課程的單純性，審視目前師資培育單位現有人力資源，似乎無法負擔如VELON對於師資培育工作具有加分作用的諮詢互惠、組織互動角色，因此積極擴展師資培育單位職前和在職訓練系列延展性，企圖融入教育工作者專業組織型態實質運作內涵和作業於師資培育系統。

　　臺灣屬於教育工作者型態的專業組織相當多，概括各種學術型學會或權益型協會，都有其專業結構功能作用。但是少有一個協會組織，是可以發揮獨立自主專業運作效益，全面影響全國教師的學術和權益專業成長，顧及組織內會員的教育專業素養和專業成長，而且組織具有代表性地可以涵蓋所有教育工作者的相互利益關係，可以和教育部、師資培育單位、教育產業組織和教師工會組織，共同促進教育工作者專業發展。

　　教師、教育相關產業工作者和利益團體等教育工作者組織，建立共識性的教育信念價值相當重要，特別是在課程、教學、評量和學生

學習的專業成長知能，學校、班級、同儕和人際互動等教育經營專業技能，乃至社區、社會、國家和全球教育趨勢，如何有效能分享教育意義的價值和共識，教師工作者專業組織是個重要平臺。臺灣師資培育職前和在職訓練，如能整合教育工作者專業信念和知能，整合資源發揮系統教育專業組織，將可促進教育工作者專業成長。

致謝：感謝國科會提供經費補助（NSC 101-2918-I-150-001），支持研究者在芬蘭的實地研究；特別感謝芬蘭赫爾辛基大學師資培育系系主任Professor Jari Lavonen、Adjunct Professor Inkeri Ruokonen和Professor Hannele Niemi接受訪談。

參考文獻

臺灣PISA國家研究中心（2012）。關於PISA。2012年10月07日取自http://pisa.
　　nutn.edu.tw/pisa_tw.htm

沈翠蓮（2004）。臺灣小學師資培育史。臺北：五南。

國立臺南大學（2013）。國立臺南大學校史館。2013年6月14日取自http://web.
　　nutn.edu.tw/history/

國立嘉義大學（2013）。本校簡史。2013年6月14日取自http://www.ncyu.edu.tw/
　　content.aspx?site_content_sn=8353

溫明麗（2010）。芬蘭教育成就的啓示：找回臺灣教育的主體性。輯於陳文團、
　　溫明麗等主編《芬蘭教育理論與實務》（pp.1-34）。臺北：國立教育資料館
　　出版。

Adams, R. J. (2003). Response to 'Cautions on OECD's recent educational survey
　　(PISA)'. *Oxford Review of Education, 29*(3), 377-389.

Afdal, H. W. (2012). Policy making processes with respect to teacher education in Fin-
　　land and Norway. *Higher Education*, Retrieved from http://www.springerlink.com/
　　content/r6352124810ht171/

Aho, E., Pitkänen, K., & Sahlberg, P. (2006). *Policy development and reform principles of basic and secondary education in Finland since 1968*. Washington, DC: World Bank.

Berry, J., & Sahlberg, P. (2006). Accountability affects the use of small group learning in school mathematics. *Nordic Studies in Mathematics Education, 11*(1), 5-31.

Burris, J. E. (2012, January). It is the teachers. *SCIENCE,335.* Retrieved from http://ciu. northcarolina.edu/wp-content/uploads/2012/01/Science-2012-Burris-editorial.pdf.

Dohn, N. (2007). Knowledge and skills for PISA－Assessing the assessment. *Journal of Philosophy of Education, 41*(1), 1-16.

Helliwell, J., Layard, R., and Sachs, J.(Ed). (2012). *World happiness report*. The Earth Institute of Columbia University.

Jakku-Sihvonen, R., & Niemi, H. (2007). Introduction. In R. Jakku-Sihvonen & H. Niemi (Eds.), *Education as Societal Contributor* (pp. 9-20). Frankfurt am Main: Peter Lang.

Lavonen, J. (2012a). *2011年赫爾辛基大學師資培育系的入學考試錄取率*。作者提供資訊，未出版。

Lavonen, J. (2012b).歐洲師資教育工作者夥伴關係的政策趨勢。作者提供資訊，未出版。

Mikkola, A. (2012). Preface: Perspectives for the future of the teaching profession. In H. Niemi, A. Toom, & A. Kallioniemi (Eds), *Miracle of education~The principles and practices of teaching and learning in Finnish schools(pp.ix-xi).* Rotterdam: Sense Publishers.

Ministry of Education in Finland. (2008). *PISA06 Finland~ Analyses, Reflections, Explanations.* Published: By Author.

Ministry of Education and Culture in Finland. (2011). *Annual report 2012~Competent and Creative Finland* . Published: By Author.

Ministry of education and Culture in Finland. (2012). *Education*. August 12th, 2012. Retrieved from http://www.minedu.fi/OPM/Koulutus/?lang=en

Niemi, H. and Jakku-Sihvonen, R. (2011). Teacher Education in Finland. In M. V. Zuljan and J. Vogrinc (Eds). *European Dimensions of Teacher Education –Similarities and Differences*(pp.33-52). Slovenia:Dravska tiskarna.

Niemi, H.(2012). The social factors contributing to education and schooling in Finland. In H. Niemi, A. Toom, & A. Kallioniemi (Eds), *Miracle of education~The principles and practices of teaching and learning in Finnish schools(pp.19-38).* Rotterdam: Sense Publishers.

Niemi, H., Toom, A., & Kallioniemi, A.,2012 (2012). EPILOGUE:*How to Be Prepared to Face the Future?* In H. Niemi, A. Toom, & A. Kallioniemi (Eds), *Miracle of education~The principles and practices of teaching and learning in Finnish schools(pp.273-280).* Rotterdam: Sense Publishers.

OECD. (2006). *Equity in education. Thematic Review. Finland Country Note.* Retrieved from http://www.oecd.org/document/3/0,2340,en_2649_34531 _36296195_1_1_1_1,00.html

OECD. (2009). *What PISA is.* Retrieved from http://www.pisa.oecd.org/pages/ 0,3417,en_32252351_32235907_1_1_1_1_1,00.html

OECD. (2010). *PISA 2009 results: What students know and can do: Student performance in reading, mathematics and science* (Vol. I). Paris: OECD.

Prime Minister's office in Finland. (2010). *Finland 2020 – From thought to action.* Published: By Author.

Sahlberg, P. (2009). *A short history of educational reform in Finland.* April 12th, 2012 Retrieved from http://www.oxydiane.net/IMG/pdf/Finland-Sahlberg.pdf.

Sahlberg, P. (2011). *Finnish lesson-What can the World learn from educational change in Finland.* At Department of leadership, policy, and organization, Vanderbilt University, U.S. (December 9, 2011). Retrieved from http://www.youtube.com/ watch?v=2kK6u7AsJF8

Statistics Finland.(2012a). *The population of Finland grew most in 20 years.* April 12th, 2012 Retrieved from http://tilastokeskus.fi/til/vaerak/2011/vaerak_2011_2012-03-16_tie_001_en.html

Statistics Finland(2012b). *Educational structure of population 2010.* April 12th, 2012 Retrieved fromhttp://tilastokeskus.fi/til/yop/2010/02/yop_2010_02_2011-06-

16_tie_001_en.html

Statistics Finland. (2012c). *Students and qualifications of educational institutions.* By Author.

Statistics Finland.(2012d). *Number of pupils transferred to special education unchanged, small increase in part-time special education.* April 12th, 2012 Retrieved from http://tilastokeskus.fi/til/erop/2010/erop_2010_2011-06-09_tie_001_en.html.

Statistics Finland. (2013). *Students in education leading to a qualification or degree by sector of education 2011 and 2012.* June 12th, 2013. Retrieved from http://www.stat.fi/til/opiskt/2012/opiskt_2012_2013-01-29_tau_001_en.html

Taiwan PISA National Center. (2010). *Rankings in PISA.* April 12th, 2012. Retrieved from http://pisa.nutn.edu.tw/link_rank_en.htm

The Trade Union of Education in Finland. (2012). *Teacher education in Finland.* By Author.

Toom, A., & Husu, J., (2012). Finnish Teachers as 'Makers of the Many': Balancing between Broad Pedagogical Freedom and Responsibility. In H. Niemi, A. Toom, & A. Kallioniemi (Eds), *Miracle of education~The principles and practices of teaching and learning in Finnish schools(pp.39-54).* Rotterdam: Sense Publishers.

VELON. (2008). *About VELON.* August 12th, 2012. Retrieved from http://www.velon.nl/english

Vokke project. (2005) *National-Level Coordination of Degree Programme Development in Teacher Training and the Sciences of Education (VOKKE).* Retrieved from http://www.helsinki.fi/vokke (in Finnish). http://www.helsinki.fi/vokke/english.htm (in English).

VOKKE project.(2012). National-Level Coordination Project of Degree Programme Development in Teacher Training and the Sciences of Education (Vokke). Retrieved from http://www.helsinki.fi/vokke/english/

World Economic Forum. (2012). *The Global competitiveness report 2011-2012.* Geneva: By Author.

第七章

運用眼動儀探究兒童閱讀策略之教學

劉瑩

臺中教育大學語文教育學系教授

陳奕廷

慈濟醫院醫學中心專任研究員

摘要

　　閱讀是掌握資訊的重要能力，國際上甚至以評比國民閱讀能力作為國家競爭力的指標。然而，臺灣的國小四年級學生於2007參加PIRLS國際閱讀能力評比，成績不佳，引起學界相當大的震撼。探究其原因，是由於國小教師缺乏閱讀策略之教學，以致學生普遍缺乏閱讀策略。

　　由於眼動儀之眼球軌跡追蹤技術趨於成熟，已有許多研究成果，但尚未以兒童為對象，實施童話閱讀策略之研究。本團隊希望使用眼動儀觀察兒童的閱讀行為，並提出改善閱讀策略之教學。本團隊商請某國民小學六年某班之四位學生參與實驗，並請四位成人也參與實驗，作為對照。經研究發現以下三點：

　　1.兒童之閱讀行為較不穩定。

　　2.兒童與成人之關鍵詞彙、區域凝視與掃視行為，有顯著差異。

　　3.從閱讀理解測驗結果中發現未回視容易造成閱讀缺失。

　　針對研究之結果，並對未來之教學者提供以下建議：

　　1.前測與後測之間應建立多次閱讀策略之教學，較能達到顯著績效。

　　2.閱讀策略教學應著重標題閱讀、關鍵詞之重點式速讀與回視閱讀。

　　未來，希望可以擴大其他閱讀題材之研究，並擴大參與者，藉助眼動儀之測試，發現兒童閱讀行為的缺失，建立良好的閱讀策略，以提升國民的閱讀力，更提高國家的競爭力。

關鍵字：眼動儀、兒童、閱讀策略、教學

Abstract

　　Reading is an important ability to master information, even international competitions national reading ability as an indicator of national competitiveness. However, Taiwan's fourth grade students participated in PIRLS international reading ability appraisal in 2007, poor results and caused academia considerable shock. Explore the reasons is due to the lack of elementary school teachers teaching reading strategies, students generally lack the reading strategies.

Because eye tracking technology becomes mature, gets many research results, but not yet the children object, the implementation of the fairy tale reading strategies. Our team hopes to use the eye tracker observe children's reading behavior and put forward to improve the teaching of reading strategies. In this study, we asked some primary school in a class of four students to participate in the experiment, and four adults to participate in the experiment, as a control. We found the following three points:

1.The children's reading behavior is less stable.

2.About gaze on key words, the regional gaze and glanced ,there are significant differences between children and adults.

3.From the reading comprehension test results found that there is no regression likely to cause reading missing

For the results of the study on the future of teaching by providing the following recommendations:

1.Should be established between pretest and posttest several reading strategies teaching better able to achieve remarkable performance.

2.Reading strategy instruction should focus on the title to read, the keywords the focus speed reading read back.

In the future, I hope can expand the study of other reading theme, and to expand the participants, with the eye tracker test and found that the lack of children's reading behavior, and establish a good reading strategy to enhance national reading, but also to improve the country's competitiveness.

Keywords: eye tracker, children, reading strategies, teaching

壹、前言

關於教育成效的研究，長久以來一直仰賴著外顯的資料，例如可以觀察得到的學生行為表現、測驗成績等資料。然而這些資料無法顯示學生在學習與理解的過程中，大腦思考與理解的過程。教育學家與心理學家們希望能夠更科學的方法，一窺學習者腦中思考與理解的歷程。當眼球軌跡追蹤技術趨於成熟之後，這個希望已經達成。眼動儀（Eye Tracker）以非侵入性的方式，受試者不需佩帶頭套，可以在最接近真實生活的情境下，紀錄眼球移動與瞳孔大小，來探查注意力、理解與認知的歷程。

基於臺灣的國小四年級學生於2007參加PIRLS國際閱讀能力評比，成績不佳，引起學界相當大的震撼。探究其原因，是由於學生普遍缺乏閱讀策略。所以，研究者先前曾以SQ3R的模式為基礎，輔以心智繪圖加強摘要能力，閱讀前並加上預測的策略，也就是設計預測、概覽、提問、精讀、摘要及複習等六階段（PSQ3R）的策略，並進行深入探究，以開發適用於國小中年級學生之閱讀策略的教學模式。

由於眼動儀之眼球軌跡追蹤技術趨於成熟，已有許多研究成果，但尚未以兒童為對象，實施童話閱讀策略之研究。本團隊希望使用眼動儀觀察兒童的閱讀行為，並提供教師調整閱讀策略之教學，以幫助學生改善閱讀策略，提升閱讀理解能力。

貳、研究目的與待答問題

本研究運用眼動儀之紀錄，以4位小學六年級學童與4位成人做研究對象，了解他們的閱讀行為，期望達成以下三點研究目的：

1.探討未受閱讀策略訓練之前，兒童與成人的閱讀行為。

2.探討受過閱讀策略訓練之後，兒童與成人的閱讀行為改變之情形。

3.探討眼動儀顯示之閱讀策略可以提供教師調整閱讀行為之教

學。

　　為了達到以上三點目的，提出以下三點問題，作為研究之方向：

1.未受閱讀策略訓練之前，兒童與成人的閱讀行為有何差異？

2.受過閱讀策略訓練之後，兒童與成人的閱讀行為有何改變？

3.眼動儀顯示之閱讀行為提供教師應如何調整閱讀策略之教學？

參、文獻探討

　　眼動研究具有悠久的歷史，可以追溯到100多年以前。早在Javal（1878）和Lamare（1893）的研究報告中就指出，人類在觀看或閱讀時，其眼動並不是順利流暢進行的，而是會有許多的暫停。這些暫停的眼動行為稱為「凝視」（fixation），是大腦透過眼睛收集訊息的過程。眼球從一凝視點移到另一凝視點的動作稱為saccade，在這如此短的移動時間內，大腦幾乎沒有收集任何的訊息。Dodge（1900）的眼動研究顯示，既然讀者在saccade時並不能得到有用的訊息，那麼眼動研究應該強調眼睛的凝視行為。

　　自從Javal和Lamare發表眼動研究結果後，眼動研究開始不斷地被應用在許多不同學科的研究上。以閱讀的研究為例，研究人員開始從讀者的凝視和saccade眼動行為中，去試圖了解閱讀的本質和過程。O'Regan（1990）指出，早期的眼動研究大多是為了要了解認知與理解的歷程，後來在50年代的研究則導向找出對閱讀最有利的眼動條件，而後從二十世紀80年代左右，由於對語言學和心理語言學研究興趣的崛起，研究人員開始利用「眼動作為讀者認知過程的指標」（O'Regan, 1990, p. 395）。

　　同樣以閱讀的研究為例，自眼動研究開始進行以來，許多研究人員透過眼動過程來研究閱讀歷程的各個面相。從生理學領域的眼動相關研究，可以知道一些閱讀時眼球的基本的行為動作。例如，Huey（1908/1968）發現，讀者閱讀句子時第一個凝視通常不在第一個詞，而是落在第二或第三個詞上。同樣地，最後一個凝視通常也不是落在最後一個詞。Huey的研究結果還顯示，讀者閱讀句子時，

會凝視約20%到70%之間的字詞。Rayner和Sereno（1994）的研究報告指出，在讀者凝視時，眼睛可分為三個訊息區域：foveal，parafoveal，以及peripheral（黃斑中心凹，旁中心凹，以及周邊）。Foveal（黃斑中心凹）提供了清晰和明確的視覺訊息，它包括2度的可視角度（約聚焦於6至8個字母）。Parafoveal（旁中心凹）擴展到約15至20的字母，而periphera（周邊）則包括parafoveal以外的所有視野。其研究也發現，讀者對文本的凝視次數實詞遠多於虛詞（Just & Carpenter, 1987）。

　　眼動研究也對閱讀的意義建構歷程提供了重要的訊息。無數的研究者已調查許多不同的語言層面（例如語音、拼字、語法和語意）及更高層次心理語言學和認知過程（例如預測、取樣及使用背景資料）來探討認字和閱讀的歷程（請參考Just & Carpenter, 1980, 1984, 1987; McClelland & O'Regan, 1981; Fisher & Shebilske, 1985; Balota, Pollastsek & Rayner, 1985; Pollatsek, Lesch, Morris & Rayner, 1992; Underwood, Clews & Everatt, 1990）。眼動研究方法也被用在中文閱讀的研究上，例如Yang和McConkie（Yang, 1994; Yang & McConkie, 1996, 1999）曾探討中文文字和詞彙的結構如何影響中文讀者的眼動。

　　眼球的運動是人類在感官訊息認知中，重要的方式。在人類的資訊處理過程中，有80%以上的訊息，是透過視覺認知過程所獲得（Sanders & McCormick, 1987），生活中無論是圖形辨識、閱讀瀏覽、以及尋找東西，都須依賴眼睛的移動，去蒐集各項工作中需要的訊息。透過記錄和分析眼球運動的資料，可以幫助我們瞭解各種認知處理的歷程。

　　因此眼動追蹤具有提供即時的、強而有力的證據，來說明人無法隱藏的內在反映，也提供了許多解決問題的（唐大崙&張文瑜，2006）。目前眼球追蹤儀被廣泛使用在神經科學、心理學、工業工程、人因工程、行銷／廣告、電腦科學等領域，在心理學領域中，最主要還是用在閱讀、圖像知覺、問題解決、聽覺語言處理、注意力

（Duchowski, 2003）。

　　鄭淑眞等認為：眼動追蹤技術提供了即時且自然，以探討認知思考的重要工具，過去以晤談或是紙筆測驗來描述所謂頓悟性問題時，往往會因各種外在因素，而影響問題表達上的表現。因此，透過使用眼動研究來探究此類問題解決的相關歷程，可解決放聲思考法，而阻礙問題解決歷程的狀況（鄭淑眞，吳昱德，林榮三，&黃庭筠，2009）。Schooler也指出：眼動儀也能夠直接抓取學習者當下學習的情形，和是否專注，這些都可以做為教師在設計學習教材時的考量（Schooler, J., Ohlson, S., & Brooks, K., 1993）。

　　詹益綾等認為：由眼動軌跡資料，探討文章中連接詞在閱讀歷程中扮演的角色，藉由閱讀實驗材料時蒐集眼動軌跡，發現「連接詞」對閱讀是有幫助的，可以協助處理歷程是逐步整合語詞（詹益綾&柯華葳，2010）。另外，陳明蕾等使用眼動儀觀察眼睛移動的方式，來探討不同年齡兒童線上閱讀歷程之不同表徵變化情形（陳明蕾、柯華葳，2006）。

　　陳學志（2010）等人在針對眼動技術在學習與教育應用的可能性，提供以下數點結論與建議：(1)眼動技術的特點具備在學習與教育上的高應用價值。(2)語言理解中視聽雙管道的跨模研究。(3)教學場域的情意變項亦值得擴張。(4)將眼動測量由依變項改為自變項。(5)眼球追蹤儀可當作學習的促進工具。(6)眼動資料與其他技術的結合。

　　眼動研究的範圍很廣，特別是在閱讀上眼動的研究相當多，探討的重點在閱讀時的眼動特性、知覺廣度、跳視過程中的資訊整合、眼睛控制歷程以及個別差異。Rayner指出，分析眼球軌跡可以使用近百種不同的指標，然而，一般最常見的眼動指標不超過十個（Rayner, 1998）。以下針對本研究實驗主要偵測的目標作說明：

一、凝視（fixation）與凝視時間（fixation duration）

　　凝視時間是閱讀中最常被使用的眼動指標之一。注視時間愈長，代表受試者對於該區塊內容的認知難度較高，必須花較多時間去理

解。當凝視位置的改變，也反映出受試者注意力的改變；因此，眼球對於內容的凝視時間，可反映出個體心智處理歷程的複雜度與深度（Salvucci & Anderson, 1998）。不過在進行教育及心理學研究時，通常是以參與者注視某個興趣區域的時間，來進行統計量化的分析（陳學志，et al., 2010）。

二、回視（regression）

當閱讀文章時，閱讀者將眼球的凝視點（fixation）移回至先前已看過的文句，稱之為「回視」。人類眼球軌跡並非全部單向前進，當第一個字讀至最後一個字的時候，對於較艱難的文句，往往會透過記憶來找尋剛才有關的內容，來協助理解，因此視覺上會產生出往回注視的現象。當往返次數越多，反映出受試者對於該內容較難理解。

本研究主要研究受試者在閱讀行為中，是否對關鍵字詞花較多時間凝視，並於閱讀時回視關鍵詞以幫助記憶。

肆、研究方法

一、實驗對象與研究設計

本實驗採兩階段進行，對象為4位小學六年級學童，作為主要測試之實驗組，4位成人作為對照組。四位兒童都是國立臺中教育大學附設實驗小學六年某班之學生，S1,2,3皆男性，S4為女性，四位成人則是協助眼動研究之助理及碩士生，皆為男性，其基本資料如下：

表1　受試成人之基本資料

編號	年齡	大學畢業科系	現職
A1	26	某國立大學歷史系	某國立大學計畫人員就職中
A2	28	某私立大學視覺傳達科技學系	某國立大學數位內容科技學系碩士生
A3	26	某國立大學數學教育學系	某國立大學數學教育學系碩士生
A4	24	某國立大學資訊工程學系	某國立大學數位內容科技學系碩士生

本研究之第一階段中，以兩篇寓言故事體文章爲素材作施測，根據此階段的分析結果，比對與成人閱讀理解的差異，並對受試者實施心智圖閱讀理解訓練。訓練完畢後，進而在第二階段中，對於篇幅較複雜之文章做同樣眼動軌跡分析，對照兩次結果，以實驗組和對照組的結果，交叉比對分析出兒童童話閱讀歷程之關鍵提升因素。

第一階段
前測
心智圖閱讀訓練
第二階段
後測
閱讀理解測驗
心智圖繪製

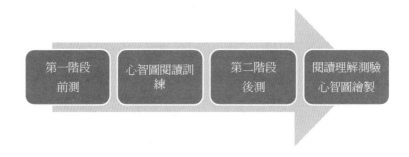

圖1 整體實驗流程

表2 兩階段實驗重點目標

實驗第一階段	實驗第二階段
對於兩篇文章進行閱讀，並同時追蹤眼動軌跡，實驗後不進行任何討論。	在心智圖閱讀訓練後，對於兩篇中，篇幅較長之文章進行眼動軌跡，並於追蹤後，進行心智圖繪製與閱讀理解測驗。

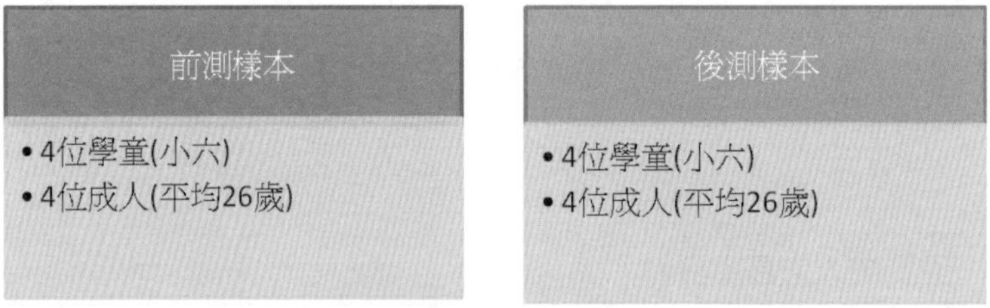

前測樣本
• 4位學童(小六)
• 4位成人(平均26歲)
後測樣本
• 4位學童(小六)
• 4位成人(平均26歲)

圖2 研究樣本

本研究中除了借重眼動儀觀察受試者的閱讀行爲，並藉著閱讀策略之訓練，希望提升受試者之閱讀策略與閱讀理解能力。

　　本研究實施之閱讀策略訓練，事先由教學者說明以心智圖做摘要的方法，並提示受試者於運用眼動儀閱讀時，須注意關鍵詞，作為受試後繪製心智圖之依據。

二、研究工具

　　本研究之工具，主要是前後測的兩篇閱讀的素材：〈馬與驢子〉、〈青蛙變變變〉以及後測文章之閱讀理解測驗題（附錄二），本測驗題在研究者進行另一研究案時，已經過專家信效度之檢驗（劉瑩，2010）。

閱讀素材	前測：馬與驢子（約170字），青蛙變變變（約1000字）。 後測：青蛙變變變（約1000字）。 兩篇皆為童話故事體，其中以〈青蛙變變變〉之寓意較深，且根據不同人的閱略策略和認知之下，亦產生不同的理解，故作為後測心智圖閱讀策略之實驗素材。文章皆以SR Research公司的Experiment Builder軟體，將文章製作成可置入眼動實驗的素材。其中，因〈青蛙變變變〉文章較長，根據兒童文學相關研究領域專家之意見，以不影響閱讀理解之狀況下，在文章適度章節中，切割成兩段。以下為文章在眼動儀上呈現之方式：

四、資料蒐集

　　本實驗案資料蒐集可分成眼動軌跡分布結果分析，與閱讀理解測驗結果之分析。關於眼動實驗資料之蒐集，乃是於校內眼動專用實驗室測試過後，透過SR Research公司的專門眼動資料分析軟體Data Viewer，來分析關鍵字詞凝視時間（Fixation Duration）、掃視（saccade），回視標題等動作的相關分布情形。

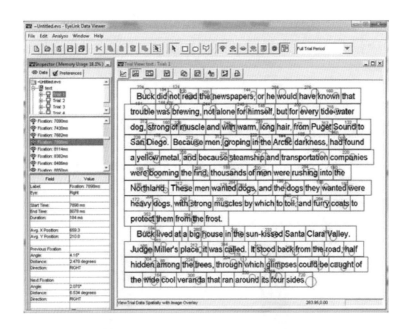

圖3　Data Viewer（圖片來源SR Research）

四、研究範圍與限制

　　本研究以國立臺中教育大學附屬實驗小學六年某班之四名學生、四名平均26歲之成人為研究對象，第一階段在眼動儀實驗室實施閱讀理解測驗。第二階段在測驗前進行的進行心智圖閱讀策略訓練，教學者給予心智圖的操作引導，並同樣於閱讀理解測驗後，進行心智圖繪製與閱讀理解測驗。

在限制上，因本研究對象為國小高年級生，在過去應比其他中低年級生，有更佳閱讀經驗和技巧，因此本研究無法推論其他年級之結果。另外本研究之對照組成人，背景雖皆為大學畢業，閱讀程度佳，但仍有部分小因素和細節會影響到相關策略，此部份也需要注意。

最後，本研究是針對童話體之閱讀教材之策略進行探討，無論兒童或成人，皆會受到家庭背景、認知風格、學習技巧，以及其他個人因素所影響，故本研究採用自編之「閱讀理解測驗」，檢核受試者的閱讀理解狀況，並探討其閱讀理解狀況與閱讀習慣是否相關，所推論產生各式不同結果，對於未來其他閱讀教材的實驗設計，是否同樣採取本模式，需在進一步做探討。

伍、結果與討論

一、第一階段實驗結果報告

根據眼動結果作的初步分析，詳細之凝視與回視訊息，呈現如附件一，因資料甚多，不一一呈現，以下就針對兩項眼動分析結果做討論：

(一)是否一開始能閱讀標題

根據眼動儀測量軟體分析是否一開始能閱讀標題，結果如下：

表3 第一階段標題凝視與回視次數（馬與驢子）

	S1	S2	S3	S4	A1	A2	A3	A4
是否一開始就凝視標題	無	有	無	有	有	有	有	有
標題回視次數	0	1	0	0	3	1	1	2

表4 第一階段標題凝視與回視次數（青蛙變變變）

	S1	S2	S3	S4	A1	A2	A3	A4
是否一開始就凝視標題	無	有	有	有	有	有	無	有
標題回視次數	0	2	0	1	2	2	1	2

(二)主要凝視詞彙探討

透過眼動分析軟體的目標區塊功能，分析主要凝視詞彙之能力，整理如下：

表5 第一階段閱讀策略分析整理簡表（兒童）

S1	直接忽略大標題，變馬上進入內文閱讀 逐行逐字閱讀，閱讀速度慢 無較明顯大範圍回視
S2	兩篇文章皆一開始就先凝視大標題 掃視閱讀 以中間為主，閱讀速度快
S3	第一篇直接忽略大標題，第二篇一開始有掃過大標題 逐行逐字閱讀 無較明顯大範圍回視
S4	兩篇皆仔細閱讀大標題 逐行逐字閱讀， 無較明顯大範圍回視

表6 第一階段閱讀策略分析整理簡表（成人）

A1	兩篇皆以標題開始 跳行逐字閱讀 第二篇最後一段「現在不但馱上全部的貨物，還多加了一張驢皮」>回視>第三段全部「於是，主人把所有的貨物……」
A2	兩篇皆以標題開始 逐句閱讀，部分行重覆閱讀兩次 無較明顯大範圍回視
A3	第一篇先閱讀標題，第二篇直接忽略標題 來回方向快速掃讀
A4	兩篇皆以標題開始 跳行來回式閱讀 無較明顯大範圍回視

(三)小結

透過分析結果顯示，未接受任何閱讀理解訓練之學生，有兩位兒童樣本直接忽略大標題，就馬上進入內文，成人皆會先閱讀大標題後，再進入主要文章。第一階段分析雖得到相關凝視詞彙或凝視區域，以及是否掃視和回視標題次數之外，仍然難以了解學生閱讀理解程度。因此，本實驗繼續透過與成人比較之差異，分類出不同的閱讀策略，至第二階段進行心智圖訓練及眼動測試後，進一步做測試比較。

二、第二階段實驗結果報告

第二階段實驗主要根據以下結果做討論，標題凝視與回視次數，同樣根據眼動數據軟體所分析出結果如下：

表7　第二階段標題凝視與回視次數（青蛙變變變）

	S1	S2	S3	S4	A1	A2	A3	A4
是否一開始就凝視標題	有	無	無	有	有	有	有	有
標題回視次數	3	0	0	1	0	0	0	0

(一)主要關鍵詞彙與區域凝視與掃視結果

眼動儀紀錄了閱讀者很豐富的眼球活動，為節省篇幅，乃根據眼動儀記錄受試者第二階段之閱讀行為，整理要點如下：

表8　第二階段閱讀策略分析整理簡表（兒童）

S1	閱讀前先掃視標題，並來回多次尋找標題。 逐行逐字閱讀，閱讀速度時間減少。 於單一句行間來回多次回視
S2	直接進入內容，省略標題 大範圍掃視閱讀。 小範圍回視

（續下表）

S3	跳過大標題直接進入文章 文字跳躍式閱讀 段落間大範圍回視
S4	閱讀前先凝視標題 逐行逐字閱讀 針對同一句子回視

表9　第二階段閱讀策略分析整理簡表（成人）

A1	先閱讀標題 跳行逐字閱讀 與第一階段結果類似
A2	先閱讀標題 逐句閱讀，部分行重覆閱讀兩次 無較明顯大範圍回視，與第一階段結果類似
A3	先閱讀標題 來回方向掃讀 與第一階段結果類似
A4	快速掃過標題開始 跳行來回式閱讀 無較明顯大範圍回視，與第一階段結果類似

三、整體研究結果討論

　　經過兩階段用眼動儀觀察兒童與成人之閱讀行為之後，進行以下六項比較：

(一)兒童兩階段標題凝視與回視行為比較

表10　兩階段開始標題凝視行為比較表

	第一階段	第二階段
S1	無	有
S2	有	無
S3	無	無
S4	有	有

表11　兩階段標題回視行為比較表

	第一階段	第二階段
S1	0	3
S2	1	0
S3	0	0
S4	0	1

在一開始便凝視標題與回視之行為，於心智圖閱讀訓練後，僅有一位樣本S1有顯著提升；而樣本S2原本有凝視標題之行為，於第二階段直接跳過標題；樣本S3兩階段皆無凝視與回視標題之行為；樣本S4於兩次皆有凝視標題之行為，但回視標題行為無顯著提升。

(二)兒童兩階段文章主要關鍵詞彙與區域凝視與掃視結果比較

從眼動儀顯示的訊息中得知，兒童兩階段閱讀活動中，對於文章主要關鍵詞彙與區域凝視與掃視，有明顯的差異，茲分析如下：

表12　兩階段標題回視行為比較表

	兩次閱讀策略主要差異部分
S1	提升對於文章標題的注意力，以及閱讀速度的的提升，並能在閱讀期間來回檢視標題，並對同一句子來回快速檢視。
S2	第一次閱讀速讀快，較草率，但能夠掌握關鍵字閱讀。第二次同樣以較快速度閱讀，與第一次同樣是大範圍掃視，但停留在更多關鍵字詞上，同時加上小範圍回視。
S3	兩次皆跳過文章標題，直接進入內文閱讀。第一次閱讀只著重前半段，後半部份快速帶過。而第二次閱讀便無此狀況。
S4	兩篇皆仔細閱讀標題，並採用逐行逐字閱讀，較仔細針對同一句子來回檢視。

(三)兒童與成人標題凝視與回視行為比較

從眼動儀顯示的訊息中得知，兒童與成人的閱讀行為有極大的差異，茲分析如下：

表13	兒童與成人標題凝視與回視行為比較
兒童標題凝視與回視概況	兒童對於閱讀前注意標題之習慣較不明顯，但常會於閱讀中反覆來回觀看標題，此行為明顯與成人相反。
成人標題凝視與回視概況	四位受試者皆會於閱讀前，凝視標題，但較少於文章閱讀中回視標題之行為。

(四)兒童與成人主要關鍵詞彙與區域凝視與掃視結果比較

兒童主要採取逐字閱讀，或是小段落跳躍式閱讀，整體花費時間較多。成人則是採用大範圍掃視閱讀策略，在第一時間以段落中的關鍵字為中心，再閱讀完整段文章，整體閱讀時間較少，對於部分關鍵字區域凝視時間明顯比兒童多。

(五)成人兩階段標題凝視與回視行為比較

本次實驗中，成人兩階段的眼動結果皆無明顯差異，不受到心智圖閱讀法的影響，因此推論成人在閱讀文本時，已有較成熟且固定之閱讀策略，不會受其他因素影響。

(六)兒童與成人閱讀理解測驗結果之比較

本研究的後測實施之前，預告受試者，必須根據閱讀文本製作心智圖，而繪製心智圖的主要任務，是對閱讀文本作摘要，所以，受試者應該注意關鍵字，並記憶關鍵字，以便繪圖時喚醒記憶。完成心智圖之後，再進行閱讀理解之測驗。

繪製心智圖與回答閱讀理解測驗題時，閱讀者仍可以再度閱讀文本。繪製心智圖僅作為閱讀後的摘要活動，期望有助於理解，繪圖內容如何，並不列入本次研究。本研究取閱讀理解測驗之結果做比對分析，結果如下：

表14　兒童與成人閱讀理解測驗結果之比較

受試者 題號	S1	S2	S3	S4	A1	A2	A3	A4	答對率
第一題	○	○	○	○	○	○	○	○	100%
第二題	○	○	○	○	○	○	○	○	100%
第三題	×	×	×	○	×	×	×	○	25%
第四題	×	×	○	○	○	×	○	○	62.5%
第五題	○	○	×	○	○	○	○	○	87.5%
分數	60	60	60	100	80	60	80	100	

　　要回答本閱讀理解的測驗題，必須回視文本，找出文章中的線索。第三題錯誤的人數比較多，兒童與成人各只有一人答對，推究原因，就是未仔細回視，尋找關鍵字。

　　而對照眼動儀所顯示每位受試者的策略發現，兒童部份，S4的所顯示的閱讀特質是「兩篇皆仔細閱讀大標題，並採用逐行逐字閱讀，較仔細針對同一句子來回檢視。」所以，可以推論S4具有穩定的閱讀策略，所以，在回答閱讀理解的試題時，能夠全部答對。其他三位兒童的閱讀策略不穩定：S1第一次的兩篇閱讀皆未閱讀標題，第二次則會多次回視標題；S2第一次的兩篇閱讀皆閱讀標題，第二次則未回視標題；S3第一次的一篇閱讀標題，一篇未閱讀標題，第二次則未回視標題，基於閱讀策略之不穩定，可以推論，在回答閱讀理解的試題時，未仔細回視原文尋找答案，而是憑印象或是個人感覺填答，就會掉入陷阱，填答錯誤。

　　成人的閱讀策略皆較穩定，都能從標題開始，文中則採重點式、跳躍式閱讀，這樣也會有一些迷思，就是在回答問題時，未仔細回視原文尋找答案，也是憑印象或是個人感覺填答，所以就有兩人會在第3、4題掉入陷阱，填答錯誤。

陸、結論與建議

　　透過眼動儀的測試，可發現每個人都具有不同的閱讀行為，不良

的閱讀行為，會造成閱讀理解的失誤。如果能接受良好的閱讀策略教學，建立良好的閱讀行為，應改減少不必要的閱讀失誤。本研究得到以下結果：

一、結論

(一)兒童之閱讀策略較不穩定

兒童對於閱讀前應先注意標題之行為，較不穩定，有兩位兒童S2與S4於前測時，兩篇文章一開始都能先看標題，但S4後測持續看標題，S2則省略，顯示S2的閱讀行為不穩定。另外S1前測兩篇都不先看標題，後測卻能先看標題，S3前測一篇先看標題，一篇未看標題，後測也看標題文章。

因為施測者曾於第二次施測前提示要用心智圖做摘要，請受測者在腦海裡記下要點。眼動儀之資料顯示：在閱讀進行中，S1於前測2篇文章皆未回視標題，後測回視3次；S2於前測二篇文章各有1次與2次之標題回視，後測則無；S3前後測皆未回視，S4於前後測各有一次回視。

成人皆會於閱讀前，凝視標題，前測時較有多次回視標題的現象，但後測時，都未於閱讀中回視標題。

(二)兒童與成人之關鍵詞彙與區域凝視與掃視結果有顯著差異

眼動儀之資料顯示：前測時，S1, S3, S4三位兒童所採用的閱讀策略是逐行逐字閱讀，S2採用掃示閱讀；後測時，S1, S4仍採逐行逐字閱讀，S1的閱讀速度較前測快，S2仍用掃示閱讀，S3則改變策略，採用大範圍掃視，但停留在更多關鍵字詞上，同時加上小範圍回視，最符合做摘要前之閱讀模式。

成人在前後測的結果顯現無明顯差異，A1採「跳行逐字閱讀」、A2「逐句閱讀，部分行重複閱讀兩次無較明顯大範圍回視」、A3採「來回方向快速掃讀」A4採「跳行來回式閱讀，無較明顯大範圍回視」，策略穩定。

　　兒童與成人最大的差異是，兒童比較穩紮穩打地逐字閱讀，尚未建立關鍵詞跳躍式閱讀，所以閱讀速度較慢。

　　(三)從閱讀理解測驗結果中發現未回視之閱讀缺失

　　從閱讀理解測驗結果中顯示：無論是兒童或成人，能反覆閱讀尋找關鍵字，回答的成功率較高，所以，閱讀中做重點詞句回視是必要的。

二、建議

　　(一)閱讀策略教學應著重標題閱讀、關鍵詞之重點式速讀與回視閱讀

　　凡事必須提綱挈領，才能事半功倍，閱讀不先看標題，較難掌握全文之重點，現在閱讀強調預測閱讀，先讀標題是進入本文極重要的關卡，不宜疏忽。

　　本次測試中，4位兒童有3位採逐字閱讀，速度較慢，如果能透過關鍵詞重點式的閱讀，應該可以加快速度。為了做摘要與提升對文意的理解，關鍵詞的回視也是重要的訓練。

　　(二)前測與後測之間應建立多次教學較有顯著績效

　　本次研究僅在後測之前做五分鐘之簡短說明，算是提示受試者必須在閱讀中提取關鍵詞，以備受測完畢，進行繪製心智圖做摘要，但未歷經多次的繪製心智圖做摘要的練習，未建立牢固的閱讀習慣，所以，兒童的閱讀策略較不穩定。

　　(三)未來可以擴大參與人數，增加研究樣本數

　　本次實驗中，尚未明確掌握機器的性能，所以只作4位兒童與4位成人的研究。有鑑於眼動儀是非侵入性的儀器，兒童使用時，與一般使用電腦無異，故未來可以擴大參與的人數，增加研究樣本數，其研究結果將更具參考價值。希望藉助眼動儀之測試，發現兒童閱讀策略的缺失，提出改善的策略，以提升國民的閱讀力，更提高國家的競爭力。

參考文獻

伊索原著、林婉君譯註（1986）。伊索寓言，臺南市：大夏。

唐大崙、張文瑜（2006）。觀其眸子人焉廋哉—談眼球追蹤法探索傳播議題的可能性，中華傳播學會2006年年會論文。

郝廣才（1998）。青蛙變變變。臺北：格林。

陳學志、賴惠德、邱發忠（2010）。眼球追蹤技術在學習與教育上的應用，教育科學研究期刊，55(4),39-68。

陳明蕾、柯華葳（2006）。文體難易度對中文兒童線上閱讀表徵層次之影響：來自眼球移動的證據，Retrieved from http://140.115.78.41/EyeMovement_children.htm。

詹益綾、柯華葳（2010）。由眼動資料探討連接詞在閱讀歷程中扮演的角色，教育心理學報，42(2)，297-316。

鄭淑眞、吳昱德、林榮三、黃庭筠（2009）。以虛擬眼動儀輔助編輯數位教材內容—以植物學習爲例，Paper presented at the第5屆臺灣數位學習發展研討會（TWELF 2009），Retrieved from http://is.csie.stut.edu.tw/node/242。

劉瑩、鄭玟玟（2010）：〈以心智圖法加強學童摘要能力之研究〉，《閱讀評量與寫字教學》，臺北：五南，97-138。

Balota, D.A., Pollatsek, A., & Rayner, K. (1985). The interaction of contextual constraints and parafoveal visual information in reading. Cognitive Psychology, 17, 364-390.

Dodge, R. (1900). Visual perceptions during eye movement. Psychological Review, VII, 454-465.

Duchowski, A. T. (2003). Eye tracking methodology: theory and practice. Verlag London Limited, pp.186-187.

Huey, E.B. (1968). The psychology and pedagogy of reading. Cambridge, MA: MIT Press. (Originally published 1908)

Javal, E. (1878). Essai sur la physiologie de la lecture. Annales d'Oculistique, 79, 97-117, 155-167, 240-274; 80 (1879), 61-73, 72-81, 157-162, 159-170, 242-253.

Just, M.A., & Carpenter, P.A. (1980). A theory of reading: From eye fixations to comprehension. Psychological Review, 87(4), 329-354.

Lamare, M. (1893) Des mouvements des yeux pendants la lecture, Comptes rendus de la société française d'ophthalmologie, 35-64.

McClelland, J.L., & O'Regan, J.K. (1981). Expectations increase the benefit derived from parafoveal visual information in reading words aloud. Journal of Experimental Psychology: Human Perception and Performance, 7(3), 634-644.

O'Regan, J.K. (1979). Moment to moment control of eye saccades as a function of textual parameters in reading. In P.A. Kolers, M.E. Wrolstad, & H. Bouma (Eds.), Processing of visible language (vol. 1). New York: Plenum.

Pollatsek, A., Lesch, M., Morris, R.K., & Rayner, K. (1992). Phonological codes are used in integrating information across saccades in word identification and reading. Journal of Experimental Psychology: Human Perception and Performance, 18(1), 148-162.

Rayner, K., & Sereno, S.C. (1994). Eye movements in reading: Psycholinguistic studies. In M.A. Gernsbacher (Ed.), Handbook of psycholinguistics. San Diego, CA: Academic.

Rayner, K., & Well, A.D. (1996). Effects of contextual constraint on eye movements in reading: A further examination. Psychonomic Bulletin & Review, 3(4), 504-509.

Rayner, K. (1998). Eye movements in reading and information processing:20 years of research. Psychological Bulletin, 124(3), 372-422.

Sanders, M. S., & McCormick, E. J. (1987). Human Factors in Engineering and Design (6th ed.). New York, New York: McGraw-Hill.

Salvucci, D. D., & Anderson, J. R. (1998). Tracing eye movement protocols with cognitive process models. In Proceedings of the Twentieth Annual Conference of the Cognitive Science Society. Hillsdale, NJ: Lawrence Erlbaum Associates. pp.923-928.

Schooler,J.,Ohlson, S.,& Brooks, K.(1993). Thoughts beyond words: When language.

Underwood, G., Clews, S., & Everatt, J. (1990). How do readers know where to look next? Local information distributions influence eye fixations. Quarterly Journal of Experimental Psychology, 42A(1), 39-65.

附錄一　眼動儀記錄兒童第一次閱讀行為舉隅

S2（男）	
找主題策略	兩篇文章皆一開始就先凝視大標題
文章瀏覽策略	掃視閱讀，以中間為主，閱讀速度快 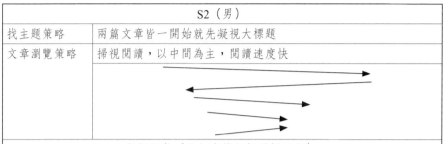

凝視詞彙（以加底線加粗黑標示之）

青蛙變變變

小魔女的戒指**掉了**，掉到井底。井底住著兩隻青蛙，一隻叫不非，一隻叫不悔。小魔女對青**蛙們**說：「我的戒指**掉進井底**，**請你們**幫我找一找。誰找到，我就給牠三個願望。」不非問：「妳不是神，不是仙，**怎能讓**願望實現？」小魔女回答：「我是小魔女，法力無限。可是沒有戒指，我的法力就不見。」不悔聽了，立刻游到井底，找到戒指。

小魔女把戒指重新戴上，她問不悔：「你有什麼願望？」
不悔說：「井底太小，三步就走完。我不要住在**井底**。」
「我要變成一條大魚，在**大海中遊戲**，一游幾萬里……」
牠的話還沒說完，小青蛙已經變成了大魚。不悔在**海裡**，**游到**東又游到西。可是日子一久，不悔又開始覺得無聊。牠看見鳥兒在天上飛，心想：「水中世界沒變化，不如**飛上天**，看得又廣又遠。」小魔女聽到不悔的願望。鱗片變羽毛，魚而變成鳥。鳥兒拍拍翅膀，飛上天。不悔迎著風，**一會兒高，一會**低，快樂無比。砰的槍聲響，鳥兒被**射傷**。

獵人把**不悔關進籠子**裡，送進皇宮。皇宮正準備**比武**，誰贏了比賽就能**娶到公**主。不悔在籠子**裡看到美麗**的公主，立刻愛上她，想娶她做新娘。「我不要作鳥，我要變成王子，有高強的武藝。」話剛說完，**籠子**裡的鳥突然不見，一個英俊的王子出現在大家面前。不悔王子打敗所有的人，得到比武冠軍。國王好高興，立刻在花園舉辦結婚典禮，要把公主嫁給不悔。結婚典禮時，公主不小心掉進花園的**水池**裡。

不悔撲通一聲跳下水，救起公主，但也**露出**本來的面目。
國王看見青蛙王子，**嚇了一跳**，說：「你是人還是妖怪？」
公主也哭著說：「**父王，我不要**嫁給青蛙精！」
不悔很傷心，決定悄悄離**去**。
牠對小魔女說：「請再給我**一個願望**，把我變回原來的地方。」
小魔女答應了牠。
不非見到不悔，說：「好朋友，青蛙永遠是青蛙，妄想改變是傻。」

（續下表）

馬與驢子	
有個人趕著一匹馬和一頭驢子上路。 路途中，驢子對馬說：「你若能救我一命，就請幫我分擔一點我的負擔吧。」 馬不願意，驢子終於因為精疲力竭，倒下死了。 於是，主人把所有<u>的貨物，包括那張驢子皮</u>，都放在馬背上。這時，馬悲傷地說：「我真倒楣！<u>我怎麼會受這麼大的苦呢？</u>這全是因為我當初不願分擔一點驢的負擔，現在<u>不但馱上全部的貨物，還多加了一張驢皮</u>。」	
回視	驢子終於因為精疲力竭，倒下死了。>回到>上方標題：馬與驢子

附錄二　心智圖閱讀法訓練課程成果舉隅

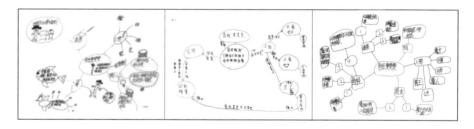

附錄三　閱讀理解測驗題本－青蛙變變變

問題1：為什麼小魔女要給不悔三個願望呢？

A.因為小魔女想炫耀法力。

B.回報不悔幫她找到戒指。

C.證明自己比神仙還厲害。

D.是不悔向小魔女要求的。

問題1計分

題旨：發展解釋：理解故事開展的原因

滿分

代號1：　B.回報不悔幫她找到戒指。

零分

代號0：其他答案

代號9：沒有作答

問題2：爲什麼不悔想要變成一條大魚？

A.才不會被其他青蛙欺負。

B.魚可以吃的食物比較多。

C.魚可以游得比青蛙快。

D.大海比井底大多了。

問題2計分

題旨：發展解釋：推論角色動機

滿分

代號1：D.大海比井底大多了。

零分

代號0：其他答案

代號9：沒有作答

問題3：不悔爲什麼想變成鳥？

A.不悔覺得天上的生活比海裡的好。

B.不悔覺得鳥兒會比大魚自由。

C.不悔覺得鳥兒的視力比大魚好。

D.不悔覺得在天上吹風快樂無比。

問題3計分

題旨：發展解釋：推論角色的動機或意圖

滿分

代號1：A.不悔覺得天上的生活比海裡的好。

零分

代號0：其他答案

代號9：沒有作答

問題4：不非問了小魔女問題之後爲什麼沒有幫她撿戒指？

A.他不相信小魔女眞的有法力。

B.他不相信小魔女會信守承諾。

C.他想將這具有魔力的戒指佔爲己有。

D.他還在考慮的時候，被不悔先撿走了。

問題4計分

題旨：形成廣泛的理解：對故事情境的回憶

滿分

代號1：D.他還在考慮的時候，被不悔先撿走了。

零分

代號0：其他答案

代號9：沒有作答

問題5：這個故事主要是關於什麼？

A.只要勇於嘗試就能得到不同的生活體驗。

B.把握住機會，就能讓生活變得更美好。

C.不管結果如何，努力的過程才是最重要的。

D.人應該要順其自然、樂天知命。

問題5計分

題旨：形成廣泛的理解：確認故事的主旨

滿分

代號1：D.人應該要順其自然、樂天知命。

零分

代號0：其他答案

代號9：沒有作答

國家圖書館出版品預行編目資料

培育新時代良師／楊思偉等著；中華民國師範
教育學會主編. －－初版. －－臺北市：五南，
2013.11
　　面；　公分
ISBN 978-957-11-7415-0（平裝）
1.師資培育　2.文集
522.607　　　　　　　　　102023035

1IYB

培育新時代良師

主　　編 — 中華民國師範教育學會（447.6）

作　　者 — 楊思偉等

發 行 人 — 楊榮川

總 編 輯 — 王翠華

主　　編 — 陳念祖

責任編輯 — 李敏華

封面設計 — 童安安

出 版 者 — 五南圖書出版股份有限公司

地　　址：106台北市大安區和平東路二段339號4樓

電　　話：(02)2705-5066　　傳　　真：(02)2706-6100

網　　址：http://www.wunan.com.tw

電子郵件：wunan@wunan.com.tw

劃撥帳號：01068953

戶　　名：五南圖書出版股份有限公司

台中市駐區辦公室/台中市中區中山路6號

電　　話：(04)2223-0891　　傳　　真：(04)2223-3549

高雄市駐區辦公室/高雄市新興區中山一路290號

電　　話：(07)2358-702　　傳　　真：(07)2350-236

法律顧問　林勝安律師事務所　林勝安律師

出版日期　2013年11月初版一刷

定　　價　新臺幣330元